나의 첫
스피치 수업

나의 첫 스피치 수업

초판 1쇄 인쇄 2021년 4월 30일
1쇄 발행 2021년 5월 10일

지은이 **김정아, 최 란, 유동효, 이처럼, 김선미, 강은하**
펴낸이 **우세웅**
책임편집 **김은지**
기획편집 **김은지 장보연**
콘텐츠기획·홍보 **박서영**
북디자인 **이선영**

종이 **앤페이퍼**
인쇄 ㈜**다온피앤피**

펴낸곳 **슬로디미디어그룹**
신고번호 **제25100-2017-000035호**
신고년월일 **2017년 6월 13일**
주소 **서울특별시 마포구 월드컵북로 400, 상암동 서울산업진흥원(문화콘텐츠센터)5층 20호**
전화 **02)493-7780**
팩스 **0303)3442-7780**
전자우편 **slody925@gmail.com(원고투고·사업제휴)**
홈페이지 **slodymedia.modoo.at**
블로그 **slodymedia.xyz**
페이스북,인스타그램 **slodymedia**

ISBN 979-11-88977-80-2 (03190)

나의 첫 스피치 수업

말하고 후회하기를 반복하는 당신을 위한

김정아 · 최 란 · 유동효 · 이처럼 · 김선미 · 강은하 지음

슬로디미디어

PROLOGUE

말하고 후회하기를 반복하는 당신, 말의 변화가 필요하다!

'그 때 이렇게 말했더라면……'

우리는 많은 순간, 내가 내뱉은 말들을 후회하며 살아간다. 그런 말로 상처주지 말 걸, 발표연습을 좀 더 할 걸, 그 때 그 말에는 이렇게 받아칠 걸……! 문제는 그 후회가 아주 잠깐이라는 것이다. 우리는 다시 습관처럼 말하고, 같은 후회를 반복하며 산다. 오늘도 나의 말에 후회하고 있는 이들에게 묻고 싶다.

"계속 지금처럼 말해도 괜찮으시겠어요?"

내가 하는 말은 곧 내 인품이 되고 능력이 된다. 무뚝뚝해 보이던 직장 상사의 따뜻한 말 한마디에 그의 편이 되었던 경험, 쇼 호스트의 찰진 멘트에 "어머, 저건 사야 해!"를 외치며 계획에 없는 구매를 했던 경험은 누구나 있을 것이다. 인간관계가 유연한 사람들이나 판매 실적이 좋은 영업 사원, 조직을 훌륭하게 이끄는 리더들을 가만히 살펴보면, 모두 말이 남다르다는 공통점이 있다.

반대로 외모는 출중한데 부정적인 언어 습관을 가진 사람, 아는 것은 많은데 쉽고 명쾌하게 설명하지 못하는 사람들을 보고 실망한 적도 있을 것이다. 이처럼 인정받는 사람들은 말부터 다르다. 말은 관계를 살리기도 죽이기도 하며, 나의 커리어를 빛내기도 망치기도 하는 엄청난 힘을 가지고 있다. 이렇게 중요한 말을 지금처럼, 대충 할 수는 없는 법이다.

다행히 이전보다 많은 사람들이 말의 중요성을 느끼고 있고, 필자는 그런 이들에게 도움을 주는 일을 하고 있다. 프레젠테이션이나 연설 등 퍼블릭 스피치 스킬은 물론이고, 낯선 사람과 대화를 풀어나가는 법, 상대에게 호감을 주는 목소리나 대화 연출법, 효과적인 세일즈 화법 등 분야도 다양하다. 놀라운 것은 시간이 지나고 연습이 더해질수록 사람들의 말하는 능력이 개선된다는 것이다.

보통 말발은 타고 난다고 생각하지만 그렇지 않다. 피아노를 배우고 스키를 배우듯 말하기 능력도 배울 수 있는 기술이다. 다만 피아노를 배울 때에는 바이엘의 지루함을 버텨야 하고, 스키를 배울 때에는 엉덩방아를 찧는 아픔을 반복해야 하는 것처럼 말하기 능력을 키우는 데에도 노력이 필요하다. 그러나 분명한 건, 변화하겠다는 굳은 의지와 제대로 된 방법만 있다면 당신의 말도 바뀔 수 있다는 것이다. 데일 카네기 역시 '스피치는 특별한 재능이나 적성이 필요한 예술이 아니라 보통 사람들도 의지만 있으면 계발 시켜 얻을 수 있는 기술'이라고 말했다.

이 책은 자신의 말에 어떤 문제가 있는지 모르는 사람부터 말하기에 자신이 없는 사람, 전문적인 말하기 스킬을 익히고 싶은 사람까지 '말의 변화'를 원하는 모든 이에게 든든한 지침서가 되어줄 것이다. 책을 읽으며 자신의 말 습관을 점검하는 동시에 더 나은 말을 위한 방법들을 익히고 바로바로 실천해나가길 바란다.

이 책에는 아나운서, 성우, 쇼 호스트, 전문 강사 등 여섯 명의 말하기 전문가들이 직접 경험하며 배운 노하우가 고스란히 녹아있다. 현장에서 체험하고, 강의와 컨설팅을 통해 검증된 내용들이니 믿고 따라와도 좋다.

Part1은 말하기에 대한 자신감을 충전하는 장이다. 발표는 둘째 치고 인사 건네기도 부끄러워하던 필자가 전문 강사로 발돋움하는 과정을 함께하다 보면, 자연스럽게 말하고 싶은 용기가 생길 것이다.

Part2에서는 말발이 부족해 고민하는 이들에게 질문이라는 솔루션을 제공해 줄 것이다. 질문이 가지는 힘을 알고 좋은 질문들을 효과적으로 활용한다면 지금보다 훨씬 즐거운 대화가 가능해질 거라 확신한다.

Part3에서는 목소리 훈련법을 배우게 된다. 필자의 목소리 트레이닝 과정을 엿보며 당신도 소리 내어 함께 연습해나가길 바란다. 같은 말도 더욱 빛나게 만들어줄 잘생긴 목소리를 가지게 될 것이다.

Part4는 상대를 끌어당기는 멋진 멘트의 비법을 배우는 장이다. 쇼 호스트가 전수하는 톡톡 튀는 멘트들은 세일즈 뿐 아니라 면접, 프레젠테이션, 일상 대화 등 다양한 상황에서 당신을 센스 있는 사람으로 만들어 줄 것이다.

Part5에서는 나와 상품을 효과적으로 알려야 하는 비즈니스 상황에서의 스피치 팁을 배울 수 있다. 수많은 고객들을 응대한 필자의 생생한 경험 속에서, 현장에서 바로 사용할 수 있는 귀한 팁들을 건져내길 바란다.

Part6, 마지막 장에서는 스피치 유형별로 3주간 트레이닝 할 수 있는 방법들을 꼼꼼히 알려주고 있다. 무엇을 해야 할지 모르겠다는 핑계 대신, 이 연습법을 실행하라! 당신도 스피치 고수가 될 수 있을 것이다.

이제 당신은 '나도 변화할 수 있다'는 믿음을 가지고 이 책을 한 장 한 장 넘기며 따라오기만 하면 된다. 처음부터 말을 잘 하는 사람은 없다. 처음 마이크를 잡은 방송 진행자는 누구나 어색하고, 처음 고객을 만난 세일즈맨은 누구나 어설프다. 그러나 우리가 그랬듯, 당신의 말도 바뀔 수 있고, 바뀔 것이다.

말이 바뀌면, 관계도 일도 변화하게 된다. 그 행복한 변화의 시작이 이 책이 되길 바라며, 이 책을 집어든 당신에게 응원의 마음을 보낸다.

-김정아 최 란 유동효 이처럼 김선미 강은하

CONTENTS | 차례

PART 2

인정받는 스피치 첫 번째 비책, 질문

_최란

PART 3

인정받는 스피치 두 번째 비책, 목소리

_유동효

CONTENTS | 차례

PART 4

인정받는 스피치 세 번째 비책, 멘트

_이처럼

PART 5

인정받는 스피치 네 번째 비책, 비즈니스 스피치

_김선미

PART 6

유형별 스피치 처방전

_강은하

PART 1

인사도 못했던 나, 전문 강사가 되었다

_ 김정아

나는 발표 한 번으로 말하기 시작했다

"무슨 일 하세요?"

"강의하고 있어요. 전문 강사예요."

"와, 강사님이시면 말씀 정말 잘하시겠네요."

내 직업을 밝히는 순간 대부분의 사람들이 이렇게 반응을 한다. 심지어 "강사님이시면 성격도 외향적이시죠?" 라고 하면서 내 성격까지 단정 짓곤 한다. 물론 지금의 나는 처음 보는 사람들과도 쉽게 친해지고, 어느 자리에서건 말을 하는 게 전혀 어렵지 않다. 즉흥적으로 대본을 짜내서 진행을 할 수 있고, 갑자기 부탁받은 강의도 당황하지 않고 할 수 있다.

하지만 이런 지금의 내 모습은 그 어느 누구도 감히 상상하지 못했다. 내가 말로 인정받게 될 줄을, 그리고 내 직업이 강사가 되리라고는 더더욱 생각지 못했다. 학창시절 친구들을 가끔 만나면 아직도 되묻는다. "네가 남 앞에서 말을 한다고?" 나는 원래 말 잘하는 사람이 아닐뿐

더러, 고등학교 때까지도 낯가림이 심한 우주 최강 내성적인 아이였기 때문이다. 낯선 장소에 가면 고개를 돌리지도 못했고, 처음 보는 사람뿐 아니라 친하지 않은 사람들과의 대화는 아예 하지 못했었다.

한번은 이런 일이 있었다. 내가 중학생 때 우리 집에 외가 친척들이 모였다. 외가 쪽은 6남매였는데 그 식구들이 전부 모인 것이다. 이모 이모부들, 외삼촌, 숙모, 사촌동생들까지 대략 20명 정도 되었던 것 같다. 친척들이 한 명, 두 명 도착 했을 때 나는 내 방에서 무언가를 하고 있다가 그만 인사를 해야 하는 타이밍을 놓쳐다. 내가 말하는 인사 타이밍이란 부모님께서 "어서와" 라고 현관에서 그들을 맞을 때 그 뒤에 동생들과 서 있다가 "안녕하세요." 라고 함께 인사 하는 것을 말한다. 그렇게 묻어가길 원했던 거다. 그런데 그 타이밍을 놓치고, 혼자 말 한마디 할 용기가 없어서 내 방 안에서 꼼짝도 하지 않았다. 배고픈 것도 참고 무엇보다 화장실 가고 싶은 것도 꾹꾹 참았다. 뒤늦게 인사를 했을 때 친척들이 나를 주목하게 되는 그 상황을 마주하는 게 식욕과 배출욕구를 참게 할 만큼 싫었던 것이다.

시간이 지나 친척들 모두 각자 집으로 가려고 할 때였다. 엄마가 갑자기 내 방문을 여셨다. 그리고 말한다. "정아야! 이모 가신대" 갑자기 하늘이 노랗게 보였다. 그리고 난 친척들의 핀잔을 들어야 했다. 인사하기 싫어서 안한 것도 아닌데. 남의 속도 모르고 말이다.

이 책을 집어 든 독자라면 나와 같은 상황을 한번 쯤은 경험 해본 적이 있을 것이다. 인사를 하는 것이 그렇게 큰 용기가 필요한 말이 아님에도 불구하고 타이밍을 놓쳐서 못했던 경험들. 꼭 인사가 아니더라도 남들 눈치 때문에, 주변의 시선이 나에게 집중되는 게 싫어서 진짜 해야 할 말을 못했던 상황들. 마음은 굴뚝같지만 말을 못해서 그저 침묵 하고 있었던 시간들. 그리고 말 한마디 제대로 하지 못해서 생겨난 엄청난 결과물과 편견까지 감내 해야 했던 모든 순간들. 억울하지만 그 억울함도 제대로 말 하지 못했던 기억들이 분명 있을 것이다.

어쩌면 지금 이 순간에도 이런 경험을 하고 있는 사람들이 있을 지도 모르겠다. 하지만 걱정 하지 말라고 말해주고 싶다. 과거에 말 한마지 못했던 나도 14년째 전문 강사라는 타이틀을 가지고 지금까지 잘해내고 있으니까. 친척들에게 인사도 하지 못했던 내가 어떻게 말문이 트게 되었을까? 대학교 전공수업 때 있었던 발표 수업, 그게 시작 이었다.

"이번 중간고사는 발표 수업으로 대체 합니다." 수업이 끝날 때쯤 느닷없는 교수님의 말씀은 그야말로 마른하늘에 날벼락 이었다. "각자 주제 하나씩 정해 줄 테니 그 주제로 1시간 동안 수업을 진행하시면 됩니다." 단순 발표가 아니고 1시간 동안 수업을 진행하라고? 그 이야기를 듣는 순간 손이 벌벌 떨리고 심장이 요동치기 시작 했다. 그냥 실험하고 리포트 쓰고 논문 쓰는 건 얼마든지 할 수 있겠는데 발표라니! 그것도 한 시간 동안 수업을 진행하라고?

이 상황을 벗어날 수 있는 방법은 아무리 눈을 씻고 찾아봐도 없었다. 전공 수업이었기에 더더욱 피해갈 수도 없었다. 준비할 시간이 한 달 정도 있었는데 그 기간 동안 나는 제 정신이 아니었다. 어찌나 걱정을 하면서 맘고생을 했던지 대식가인 내가 식음을 전폐하는 지경까지 가면서 살이 쭉쭉 빠졌었다. 하지만 이미 주어진 상황을 어찌 할 수는 없었다.

드디어 발표 날. 너무 심한 긴장 탓에 손가락 까지 근육 경련이 일어

났다. 이러다 오늘 저녁 뉴스에 '발표 수업하다 심장 터져 죽은 학생 이란 뉴스가 나올 수도 있겠구나.' 라는 생각이 들만큼 심장이 쿵쾅 거렸다. 내 차례가 되었고 나는 단상으로 걸어 나갔다. 크게 심호흡을 한번 하고 제일 친했던 친구만 바라봤다. 다행히 그 친구가 환하게 웃어줬고 나는 어느 정도 안정 될 수 있었다. 한 시간 딱 맞춰서 준비 했던 발표도 끝냈다. 발표 후 내 자리로 돌아와서도 긴장이 가시지 않아 한동안 온몸을 부들부들 떨었다.

그렇게 발표를 끝낸 나는 시간이 흘러 성적표를 받았다. 그 과목 몇 점 이었을까? 발표수업 만점에 기말고사 만점까지 더해서 난 A+를 받았다. 기말고사 점수는 잘 나올 걸 예상하고 있었다. 중간고사를 대체했던 발표를 망쳤다고 생각 했으니 기말고사는 무조건 만점을 받아야 한다는 생각으로 열심히 공부했기 때문이다. 그런데 중간고사도 만점이라니! 아니 발표 수업이 만점이라니! 너무 의아해서 교수님께 여쭤봤다.

"너 발표 잘하던데? 긴장한건 보이는데 최대한 여유 있게 보이려고도 했고, 무엇보다 내용을 정확하게 이해해서 잘 전달했어. 내용 정리를 참 잘했어" 라고 하셨다.

'너 발표 잘하던데?' 이 말이 계속 맴돌았다. 너무 감사했고 그 때부터 '나도 말을 잘 할 수 있구나' 하는 자신감이 생겼던 것 같다.

발표 수업을 어떻게 해야 하나 계속 고민 했다. 나는 절대 전문 강사나 교수처럼 강의를 할 수 없다는 걸 스스로 잘 알고 있었다. 그래서 나는 특단의 대책을 세웠다. 그건 바로 '나에게 주어진 파트의 내용을 그냥 통째로 암기해서 그걸 줄줄 말하자.'였다. 그리고 난 한 달이라는 시간동안 나는 내가 수업을 해야 할 파트를 수백 번 읽으면서 외웠다. 그렇게 읽고 외우고 또 읽고, 외우고 하다 보니 자연스럽게 내용 파악이 되면서 무엇을 중점을 두고 말해야 하는지 알게 되었다.

중복이 되는 표현이 보이면 과감하게 하나를 지우거나 한 문장으로 묶었고, 내 스스로가 이해가 되지 않는 내용들은 최대한 풀어서 쉽게 수정해서 외웠다. 그렇게 전체 내용을 이해하면서 나 스스로 암기하기 편하게 전체 흐름도 다시 만들었다. 나만의 발표 대본을 만들어 계속 수정하면서 암기했다. 그렇게 반복하다보니 자신감이 생겼고, 나는 최고의 결과를 냈다. 중요한 건 반복과 연습이었다. 그리고 난 발표에 대한 두려움을 없앨 수 있었다.

남들 앞에서 무슨 말을 어떻게 해야 할지 모르겠다면 일단 내가 하고 싶은 말을 종이에 쭉 적어 보자. 순서와 흐름은 무시해도 된다. 그냥 내가 해야 할 말 혹은 하고 싶은 말을 떠오르는 대로 일단 적어놓자. 그런 다음에 그 문장들을 계속 읽어 보면서 상황에 맞지 않는 말은 삭제하고, 중복된 표현은 하나로 묶고, 스스로 이해가 되지 않는 말은 최대한 쉽게 풀어서 고치면 된다. 그렇게 나만의 대본이 완성되면 그 대본을 그대로 암기 하면 된다.

내 머릿속에 말할 내용의 흐름이 순서대로 입력만 되면 말하는 게 정말 쉬워진다. 이 방법으로 딱 한번만 해봐라. 당신도 말에 자신감이 붙기 시작 할 것이다. 그리고 어느 새 말 잘 하는 사람이 되어 있을 것이다. 친척들에게 인사도 못했던 내가 강사가 될 수 있었던 시작점이 된 것처럼.

환경은 실력을 바꾼다

일본인들이 많이 기르는 물고기 중에 '고이' 라는 잉어가 있다. 이 잉어는 작은 어항에 넣어두면 5cm 정도밖에 자라지 않지만 넓은 연못에서 키우면 25cm까지 자란다고 한다. 그리고 강물에서 키우면 1m 까지 자란다고 한다. 같은 잉어임에도 불구하고 어떤 환경에서 자라느냐에 따라 크기 차이가 어마어마하게 달라진다.

사람은 태어나면 서울로 보내고 말은 제주도로 보내라고 하는 말이 있다. 서울은 큰 사람이 될 수 있는 환경이 조성 되어 있고 제주도는 말이 건강하게 살 수 있는 환경이 조성 되어 있기 때문이다. 부자가 되고 싶으면 부자의 동네로 이사를 가라는 말도 같은 맥락이다. 모두 환경의 중요성을 말하고 있다.

환경은 내가 이미 가지고 있는 재능을 더 크게 키워주기도 하지만 없던 재능을 발굴 시켜 주기도 한다. 나는 말을 잘하는 여러 가지 방법 중에서 최우선은 환경이라고 이야기 한다. 어떤 환경을 만나느냐에 따라 말못(말 못하는 사람)이 말잘(말 잘하는 사람)이 되기도 하고 말잘이 말

못이 되기도 한다. 즉, 말하기의 실력도 환경에 따라 얼마든지 달라 질 수 있는 것이다.

발표 수업 한번으로 말하기에 두려움이 살짝 없어진 나의 실력을 일취월장하게 만들어준 사건들이 있다. 나는 대학 졸업 후 국내 모 기업에 교육 강사로 입사를 했다. 입사 첫날 나와 내 동기들에게 주어졌던 첫 업무는 자사 제품에 대한 설문지를 받는 일이었다. 동기 2명과 명동 한복판에서 좌판을 펴고 설문지 500장을 받아야했다. 설문지를 작성하기 위해서는 사람들이 모여야 했고, 그러기 위해서는 큰 목소리를 내야 했다. 이 많은걸 어떻게 받나 하는 표정을 짓고 있을 때 동기 한명이 이렇게 외쳤다. "설문조사 참여하시고 사은품 받아가세요." 그 모습을 본 나와 또 다른 동기 한명도 누가 먼저랄 것도 없이 똑같이 소리를 지르면서 사람들을 불러 모으기 시작 했다. 난 그때 처음 알았다. 내 안에 이렇게 큰 목소리가 숨어 있었다는 것을. 그리고 내가 처음 보는 사람들에게 스스럼없이 다가가 눈을 맞추면서 이야기 할 수 있다는 사실도. 그렇게 우리 셋은 서로의 몫을 다 하며 설문지 500장을 모두 받았고 당당하게 사무실로 복귀를 했다.

몇 시간 동안 그렇게 큰소리를 내고 낯선 사람들과 눈을 맞추고 설득을 하고 난 후 이상한 느낌이 들었다. 내면에서 무언가가 확 깨지면서 내가 다른 사람이 된 기분이었다. 그 느낌을 단어 하나로 정확하게 설명할 순 없지만 그 이후 말에 대한 두려움이 완전히 없어졌다. 더 놀라운 것은 말을 즐기고 있는 나의 모습이었다.

발표 수업과 설문지를 받는 상황은 전혀 다르다. 내가 아는 사람들 앞에서 준비된 말을 여유 있게 하는 것과 생면부지의 사람들을 끌어 모으는 말을 하는 것은 전략부터 다르게 세워야 한다. 목소리 톤, 크기도 달라져야 하고 좌절하고 상처받지 않을 마음가짐도 스스로 세팅해야 한다. 문장을 짧게, 핵심을 정확하게 전달해야 하고, 그 문장 안에 자발적으로 참여 할 수 있게 하는 동기부여도 들어가야 한다. 그리고 무엇보다 사람들의 귀에 확 꽂히는 임팩트 있는 문장으로 말해야 한다. 왜 신입사원에게 첫 업무로 설문지를 받아오게 했는지 그 이유를 알 것 같았다. 요즘에는 인터넷으로 얼마든지 쉽게 설문조사를 할 수 있지만 나는 말하기 실력을 키우고 싶다면 면대면 설문조사를 한번 해보라고 하고 싶다. 내면의 무언가가 확 깨지는 순간 말에 대한 두려움도 함께 깨질 것이 분명하기 때문이다.

발표 수업과 설문지의 고개를 넘고 나니 또 다른 높은 산(山)이 나를 기다리고 있었다. 나는 말을 잘하고 싶은 사람이라면 이 산(山)은 무슨 일이 있어도 반드시 넘어야 한다고 이야기 한다. 바로 카메라이다. 사람과의 대화에 두려움을 없애고 나니 이제는 기계가 나를 괴롭히기 시작했다. 내가 근무하던 회사에 방송교육 시스템이 만들어졌고 그 방송교육을 내가 하게 되었다. 똑같은 공간에 단지 카메라 한 대가 추가 되었을 뿐인데, 카메라가 주는 공포심과 위압감은 실로 엄청났다. 차라리 올림픽 주경기장에 관중이 꽉 찬 상태에서 강의를 하는 게 더 편할 수도 있겠다는 생각이 들 정도였다.

방송에 대해 나는 아무것도 몰랐다. 해본적도 없었고 배워본 적도 없었다. 시선처리 하는 방법, 마이크 잡는 방법, 동선 체크 하는 방법도 몰랐고 심지어 목소리 발성도 방송에 적합하지 않았다. 사전 테스트를 해 볼 기회도 없었고 무엇을 어떻게 어디서부터 배우고 준비해야 하고 연습해야 하는지 아무것도 몰랐다. 그저 '뭐 어떻게든 하겠지' 라는 말도 안 되는 심정으로 있었다. 그렇게 아무런 준비 없이 첫 방송을 했고 결과는 당연히 아주 참담했다. 하기 싫다는 생각과 온갖 불평불만이 가득 했기에 시간이 가면 갈수록 카메라가 더 부담스러웠다. 그런데도 불행인지 행운인지 방송교육은 계속 내 담당이 되었고 그렇게 나에게는 스킬을 높일 수 있는 또 한 번의 환경이 만들어 졌다.

계속 생방송만 하던 어느 날 녹화를 해야 하는 일이 생겼다. 그런데 그날 공교롭게도 촬영을 해야 하는 동료와 심하게 말다툼을 했다. 그래도 일정상 촬영을 해야 했고, 나는 내가 NG를 낼 경우 그 친구에게 미안하다고 말하기가 너무나도 싫었다. 그래서 녹화 시작 두 시간 전에 미리 올라가서 카메라를 바라보며 계속 연습을 했다. 마치 앞에 청중들이 있는 것처럼 시선도 이리저리 옮겨보고 팔 동작, 표정, 동선 등 모든 것을 완벽하게 연습하고, 연습하고 또 연습했다. 녹화 시작하는 사인이 들어온 순간 신기한 일이 벌어졌다. 카메라가 사람처럼 보이는 것이다. 마치 앞에서 나에게 '잘한다, 잘한다.' 하며 호응을 해주고 있는 것 같았다. 그렇게 나는 한번의 NG도 없이 만족스럽게 녹화를 마쳤다.

역시 연습만이 살길 이었다. 그렇게 부담스럽고 싫었던 방송 카메라가 두 시간의 집중 연습 끝에 사람처럼 보이기 시작 한 것은 나에게는 기적과 같은 일이었다. 그리고 나는 '연습만 제대로, 충분히 하면 그 어떤 것도 다 할 수 있다' 하는 확신이 생겼다. 그동안 나를 덮고 있던 모든 막을 다 깨부순 것 같은 시원함이 몰려왔고 나에게 강제적으로 주어진 환경에 처음으로 감사하게 되었다.

환경이 실력을 바꿔준 사례들은 각자 주변에 한 개 정도는 있을 것이다. TV만 보던 아이가 방안을 책으로 도배하고 부모가 책을 읽기 시작하면서 아이도 TV보다 책을 더 좋아하게 된 아주 흔한 사례부터, 새로운 환경을 경험하면서 생각이 바뀌고 인생이 바뀐 사례들까지. 김상운 저서《왓칭》이라는 책에 이런 내용이 나온다. 창문이 거의 없고 낮에도 형광등을 켜야 할 만큼 어두운 초등학교가 있었다. 아이들의 집중력을 높인다고 어두운 커튼까지 쳐 놓고 수업을 했지만 아이들의 성적은 전국 꼴지를 맴돌았다. 얼마 후 이 학교는 창문이 널찍하게 있는 새로운 학교 건물로 이사를 갔다. 밖이 훤히 내다보이는 교실에서 공부하기 시작한 1년 후, 아이들의 성적이 평균 20% 이상 수직 상승을 했다. 성적을 올리기 위해 숙제를 더 내주거나 공부하는 시간을 늘리지 않았다. 그저 새 학교 건물, 창문이 널찍한 교실로 이동을 한 것뿐이었다. 똑같은 아이들이었고 단지 교실만 바뀌었을 뿐이다. 환경이 아이들의 성적을 바꾼 것이다.

지금 생각해보니 나는 강사라고 하기 에는 너무 많은 울렁증을 가지고 있었다. 사람 울렁증, 무대 울렁증, 카메라 울렁증 까지. 나는 이 모든 울렁증을 환경으로 극복 했다. 물론 나는 강제적인 환경이 설정 되었던 행운아 이다. 그리고 그 환경을 피하지 않고 잘 극복을 했기에 지금의 내가 될 수 있었다고 생각한다. 내 주변에는 이런 환경이 세팅될 수 없다고 낙담하지 않길 바란다. 환경은 내가 얼마든지 만들 수 있다. 환경이 만들어지면 연습은 저절로 된다.

말에 대한 두려움이 없어지고 난 후 가장 좋은 점은 나 스스로에 대한 자신감이 계속 생겨났다는 것이다. 어떤 상황에서도 나는 잘 할 수 있다는 자신감과 함께 나에 대한 자존감도 높아졌다. 그런 자신감 있는 모습들 때문에 나에게는 계속 기회가 생겼고 나의 스킬은 지금도 계속 성장해 가고 있다.

대부분의 사람들이 말을 잘 할 수 있는 스킬을 먼저 가르쳐 주면서 연습을 시킨다. 물론 정말 좋은 방법이다. 하지만 스킬을 키울 수 있는 환경설정을 먼저 한다면 더 뛰어난 결과가 나오지 않을까? 환경은 단순하게 있는 재능을 키워주는 걸로 끝나지 않는다. 환경은 없던 재능을 발굴 시켜주면서 실력도 바꿔준다. 그리고 스스로의 가치도 높일 수 있게 해준다. 자, 이제 말의 스킬을 높일 수 있는 환경을 설정 하는 방법을 알아보자.

말 잘하는 환경설정 하는 방법

환경에 따라서 사람은 얼마든지 변할 수 있다고 했다. 환경은 실력을 바꿔주고 나에게 전혀 없다고 생각했던 재능을 발굴 시켜 주기도 한다. 그래서 제대로 된 환경설정이 무엇보다 중요하다. 그럼 그 환경을 어떻게 설정해야 하는지 내가 실천했던 3가지 방법을 소개 하려고 한다.

첫 번째, 스스로 환경을 만드는 것이다. 스스로 환경을 만드는 가장 쉬운 방법은 스피치 멘토를 설정해서 그 멘토의 모든 것을 따라 하는 것이다. 마치 내가 그 멘토 인 것처럼 머리부터 발끝까지 그대로 따라하면 된다. 강연을 해야 하면 유명한 강사들 중 나와 스타일이 잘 맞는 한 명을 선택해서 따라 해도 되고, 진행을 해야 하면 아나운서들의 영상을 보고 따라 하면 된다. 본인의 굳은 의지는 필요 없다. 그 멘토의 영상을 틀어놓고 매일 매일 따라 하기만 하면 된다.

내가 다녔던 회사에 방송 교육 시스템이 만들어진 후 나는 한동안 의무감에 교육을 했었다. 면대면 교육과 방송을 통한 교육은 준비사항부터 다르다. 외모부터 음성, 교육자료, 동선, 손동작까지 철저하게 준비를 해야 한다. 그리고 모니터를 하면서 계속 피드백을 받고 수정을 해야 한다. 그런데 나는 아무런 준비도, 모니터도 하지 않았다. 그냥 하기 싫다는 생각뿐이었으니 시간이 지나도 실력이 늘어날 리 만무했다. 그렇게 몇 달이 지난 어느 날, 방송교육을 마치고 자리로 돌아왔는데 전화가 울렸다. 회장님 번호였다.

"강의를 그 따위로 밖에 못해!!!!!!!!!" (느낌표 100개는 찍어야 할 것 같다.) 인사할 틈도 없었다. 유선 상이었지만 같은 공간에 있던 모두가 얼음이 되어 숨죽이고 듣고 있었다. "시간이 이렇게 지났는데 왜 달라진 게 하나도 없느냔 말이야. 음색도 카랑카랑 듣기 싫고 목소리에 신뢰감도 없고 음정도 불안하고 운율도 없고. 네 강의 듣는 내내 졸려서 혼났어. 여태까지 이렇게 강의 했어? 네 강의 듣기 싫단 말이야, 누가 네 강의를 듣고 제품을 써!"

한 문장 한 문장이 칼날이 되어 마음에 꽂혔다. 하긴 그동안 나의 교육 영상을 내가 보기도 싫을 정도였으니 저렇게 혼나는 게 당연했다. 그렇게 유선으로 몇 날 며칠을 혼났다. 방송 끝나고 내려오면 혼나고 또 다음날도 혼나고……. 이대로는 안 되겠다 싶어서 강사생활 10년 만에 스피치 학원에 등록을 했는데 내 목적과 잘 안 맞는 것 같아서 중단했다. 그리고 다른 방법을 찾았다. 바로 홈쇼핑 채널이었다.

현장에서 원하는 교육 방식을 맞추기에는 쇼핑호스트 들의 말하기 방식을 내 강의에 살짝 접목 시키면 될 것 같았다. 그리고 그들 역시 방송에 적합한 목소리를 가지고 있기에 그들을 따라하면 될 것 같다고 생각했다. 퇴근하고 집에 오면 매일 4~5시간씩 온갖 홈쇼핑 채널을 보기 시작 했다. 그리고 그들의 모든 것을 따라했다. 시선처리, 목소리 톤, 입모양, 손동작, 표정, 제품DP, 설명하는 판넬 이미지, 멘트, 심지어 입은 옷과 헤어, 메이크업까지 전부 따라했다. 거의 Ctrl+C, Ctrl+V 수준 이었다.

이렇게 나는 쇼 호스트들을 무작정 따라하면서 그들의 모습을 내 강의에 접목 시켰고 더 이상 회장님의 전화는 받지 않았다. 멘토를 따라 하기 시작한 나의 실력은 점점 늘어갔고 나는 모든 행사 진행과 신제품 강의를 도맡아 하게 되었다. 그 때마다 나는 그 상황에 맞는 멘토를 정해서 그들의 모든 것을 따라 했다. 강의는 홈쇼핑을, 사회는 여자 아나운서들의 영상을 보고 벤치마킹 했다. 이렇게 따라하다 보면 말 뿐 만 아니라 이미지와 행동도 그 멘토를 닮아간다. 그리고 시간이 더 지나면 나의 본질과 합쳐져서 새로운 나만의 모습이 나타난다. 내가 스스로 만든 환경이 나를 조금씩 변화 시키는 것이다.

말을 잘하고 싶다면 닮고 싶은 스피치 멘토 부터 설정해보자. 그리고 그의 말투, 시선, 표정, 멘트, 목소리 등 모든 것을 따라 하면서 온전히 내 몸에 흡수 시키자. 이렇게 스스로 만든 환경은 당신의 말솜씨를 확실하게 성장 시켜 줄 것이다.

두 번째, 만들어진 환경으로 들어가는 것이다. 스피치 스킬을 키울 수 있는 가장 쉽고 가장 정확한 방법은 이미 만들어진 환경으로 들어가서 그 환경을 활용 하는 것이다. 밖에 나가서 주위를 한번만 둘러봐라. 스피치와 관련된 학원들이 하나쯤은 보일 것이다. 요즘은 스피치와 관련된 모임도 많이 생겨나고 있다. 굳이 밖으로 나가지 않아도 인터넷 검색창에 '스피치' 로 검색을 하면 실로 엄청난 자료들을 볼 수 있다. 환경은 이미 많이 만들어져 있다. 당신이 그 환경으로 들어가기만 하면 된다.

강의 경력이 점점 길어지고 새로운 기회가 계속 생기면서 나는 더 큰 욕심이 생겼다. 내가 제대로 하고 있는 건지 궁금했고, 나의 스피치를 더 완벽하게 다듬고 싶다는 마음이 생겼다. 그래서 스피치와 관련된 단체들을 많이 찾아봤다. 그 중에서 내가 선택했던 곳은 소.다.습 (소소한 다섯 가지 습관으로 작은 성공 쌓기) 이라는 곳이다. 마침 김주연 대표님 직강으로 진행되는 스피치 교육과정(SW과정)에 참석자를 모집 하고 있었다. 소규모로 진행이 되는 교육 과정이어서 거의 1:1 교육이나 다름없었다.

그 교육 과정에는 매일 매일 해야 하는 미션들이 주어 졌는데 그 중 하나가 '3분 스피치 영상 업로드' 였다. 자유롭게 주제를 선택해서 그에 맞는 스피치 영상을 개인 핸드폰으로 찍어서 네이버 카페에 올리는 것이었다. 단순한 미션 인 것 같지만 꽤 많은 스킬을 올려주는 숙제였다. 일단 주제를 선정을 위해서 주변을 관찰해야 했다. 그리고 어떻게 말을 할지 구성을 짰고, 3분이라는 제한된 시간에 핵심 메시지를 간결하게 전달하는 연습을 할 수 있었다. 영상을 매일 매일 찍다보니 셀프 촬영에 대한 어색함과 두려움이 없어졌다. 또한 나의 부족한 부분을 내 스스로 발견 할 수 있었다. 표정, 손동작, 잘 안 들리는 발음, 목소리 상태, 말투, 습관적으로 사용하는 조사와 말버릇까지 셀프 코칭을 할 수 있게 된 것이다. 타인의 코칭과 셀프 코칭이 더해지면 말 습관을 더 빠르게 교정할 수 있다. 영상을 찍어 카페에 올리면 항상 수많은 피드백이 댓글로

달렸다. 그러면 그 피드백을 보고 하나씩 다듬었다. 마지막 교육시간에 첫날 찍었던 영상과 마지막에 찍은 영상을 비교해보니 확실히 달라진 게 눈에 보였다.

만들어진 환경에는 그 분야의 전문가들이 있다. 전문가에게 내 상태를 제대로 점검 받을 수 있고 피드백과 코칭으로 훨씬 더 빠른 시간 안에 제대로 다듬을 수 있다. 요즘 말과 관련된 콘텐츠들이 많이 생겨나고 있는 걸로 볼 때 지금은 말을 잘해야 진짜 인정받는 시대 인 것 같다. 또 한편으로는 '말을 잘하고 싶어 하는 사람들이 많구나.' 라는 생각도 든다. 비슷한 스펙, 비슷한 경험을 가지고 있는 상황에서 스피치 실력은 나의 가치를 결정해주는 핵심 수단이 될 수 있다.

이미 당신의 주위에는 스피치와 관련된 전문 기관들이 많이 있다. 단지 지금까지 관심 있게 보지 않았을 뿐이다. 여전히 말을 못해서 고민하고 있는가? 그렇다면 이미 만들어진 전문적인 환경을 활용해라. 그들은 당신을 확실하게 바꿔줄 최고의 방법을 구비하고 있으며 언제든 당신을 환영할 것이다.

세 번째는 책 읽는 습관을 만드는 것이다. 말을 잘하기 위해서는 반드시 책과 친해져야 한다. 말을 하려면 말할 거리가 많아야 하는데 책은 말할 거리들을 만들어주는 최고의 수단이다. 또한 같은 말도 맛있게 할 수 있는 방법을 알려주고, 같은 문장도 품격 있게 표현 할 수 있는 방법을 알려준다. 무엇보다 생각할 수 있는 힘을 키워주기 때문에 말실수를 적게 할 수 있게 해준다. 그래서 나는 스피치로 고민하는 사람들에게 무조건 책을 많이 읽으라고 이야기 한다. 어떤 책이든 상관없으니 일단 무조건 많이 읽으라고 말한다. 나는 다독가라고 하기 에는 부끄럽지만 그래도 책을 많이 읽는 편이다. 강사라는 직업을 가지고 있다 보니 꾸준하게 공부를 해야 하는데 독서만큼 가성비 좋은 공부 방법이 없다. 읽은 책이 많아질수록 표현력과 전달력이 좋아졌다. 심플하고 쉽게 제대로 전달하니 강의 호응도도 좋아졌다.

책을 꾸준히 읽으면 무엇을 말해야 하고 어떻게 말해야 하는지 감이 온다. 그러면 상황에 맞는 적절한 말을 조리 있게 할 수 있다. 당연히 말하기는 훨씬 수월해지고 말 잘한다는 소리도 듣게 된다. 나는 독서 통장을 따로 만들었다. 매월 10만원씩 넣고 그 돈으로 책을 사서 본다. 한 달에 10만원이면 평균 6~7권의 책을 살 수 있다. (인터넷 서점을 이용하면 책값 10% 할인에 포인트 차감까지 할 수 있다) 그러면 한 달에 4~6권의 책은 읽게 된다. 책을 읽다보면 이 문장은 '이때 쓰면 좋겠다.' 하는 내용이 눈에 들어온다. 그러면 책에 표시를 하고 따로 노트에 적기도 한다. 그리고 강의할 때, 건배사 할 때, 진행할 때, 자기소개 할 때 등 말을 해야 하는 모든 상황에서 활용을 한다. "어떤 책에 보면 이런 내용이 나옵니다. 어쩌고 저쩌고~~그래서 저도 어쩌고 저쩌고~" 이렇게 말 하는 사람들보면 왠지 내용이 허술하고 발성이 조금 부족해도 '저사람 말 잘 하는 군' 하고 생각한적 있지 않나?

말을 잘하기 위해서는 내 생각을 채우고 있는 게 많아야 한다. 제대로 된 인풋(책)이 있어야 제대로 된 아웃풋(말)이 나올 수 있기 때문이다. 말을 잘하고 싶은 당신, 오늘부터 책 한권 제대로 읽어보자. 당신의 생각이 넓어지고 깊어지면서 당신의 말의 품격도 올라갈 것이다.

환경은 모든 것을 지배하고 모든 것을 바꿔준다. 본래 가지고 있는 재능은 더 크게 만들어주고 없는 재능은 만들어 주기도 한다. 그야말로 무(無)에서 유(有)를 창조하는 창조주 이다. 말재주가 없다고 생각 하지 말고 방법을 모른다고 포기하지 말자. 내가 시도했던 3가지 방법만 따라 해도 말로 인정받는 당신이 될 수 있다. 한번 해 볼만 하지 않은가? 지금 당장 나의 멘토를 따라하고, 이미 만들어진 환경 안으로 들어가서 점검 받고, 손에 책 한권을 들자. 당신은 이제 말을 잘 할 수 있다.

내 안의 말을 깨우는 방법

사람은 원래 선천적으로 말을 잘한다고 한다. 단지 자라나는 환경이나 어떤 상황에 의해서 말을 참고 아끼다 보니 말도 스스로 마음속 깊은 곳까지 들어 가버린다는 것이다. 그래서 정작 필요할 때도 나오지 않는다고 한다. 그렇게 말을 못하는 사람이 되어버리는 것이다. 우리는 앞장에서 말 하는 것에 대한 자신감도 얻었고 말을 잘 할 수 있는 환경을 만드는 방법도 알았다. 그러면 이제 남은 것은 오랜 시간 내 안에 잠자고 있는 말들을 깨워서 더 유능한 스피커가 되는 일이다. 과연 잠자고 있는 말들을 어떻게 깨울 것인지 방법을 알아보자.

말로 인정받는 일이 점점 늘어나니 나에게 기회도 계속 찾아왔다. 다양한 강의는 물론 아주 사소한 진행부터 행사 사회까지 말로 하는 업무는 모두 내 차지가 되었다. 예전 같았으면 '나만 걸리지 말자.' 하고 숨죽이고 있거나, 우물쭈물 하면서 "저 못하겠습니다." 하고 말했을 것이다. 하지만 말하는 게 즐거워진 나는 기회가 오는 족족 "네 할게요." 라고 대답부터 했다. 심지어 내용도 정확하게 이해하지 못한 상태에서 "네 제가 할게요." 라고 대답한 적도 있고, 나와 전혀 상관없는 일임에도 그저 "네 해 볼게요" 라고 대답한 적도 있다. 물론 나중에 상황 파악을 하면서 '내가 정신이 나갔었군.' 하고 후회 한 적도 많았다.

나는 일단 대답을 먼저 하고 그 다음에 방법을 고민한다. 그래야 그 기회를 잡을 수 있기 때문이다. 내가 하겠다고 해 놓고 다시 못하겠다고 번복해서 말하는 게 자존심이 상해서 어떻게든 할 수 있는 방법을 찾는다. 방법을 찾을 때는 책과 영상매체를 주로 이용하고 전문가의 도움을 받을 수 있는 상황이면 직접 물어보기도 한다. 제일 먼저 나는 그 일과 관련된 내용의 책을 거의 다 찾아서 읽는다. 읽으면서 내가 사용할만한 내용은 따로 적어놓고 그것을 활용해서 나만의 대본을 만든다. 그 다음에는 전문가의 강의, 강연 영상을 찾아서 본다. 강연자의 좋은 멘트나 표현법도 역시 따로 적어 놓고 대본에 추가 한 후, 나와 제일 잘 맞는다고 생각한 영상을 선택해서 그대로 연습한다. 전문가를 따라서 계속 연습을 하다보면 나에게 맞는 방법으로 수정이 되고 나만의 스타일이 생기게 된다.

말을 잘하고 싶으면 일단 말을 할 수 있는 모든 기회를 잡아야 한다. 기회가 왔을 때 할까 말까 생각하거나 내가 저걸 할 수 있을까 하면서 망설이는 동안 그 기회는 다른 사람에게 간다. 나도 무조건 "네 할게요." 라고 하다 보니 나에게는 말할 기회가 계속 생겼고 그 기회들이 나의 스피치 재료가 되었다. 재료가 많아지니 스피치는 더 풍성해지고 스킬은 더 좋아 질 수밖에 없었다.

기회를 잡는다는 건 단순하게 경험 하나를 늘리겠다는 게 아니다.

기회를 잡았다는 건 내가 더 성장하겠다는 나의 의지를 모두에게 공표하는 것이다. 그래서 기회는 꼭 잡아야 한다. 특히 말을 잘하고 싶은 사람이라면 앞뒤 재지 말고 무조건 "네 할게요." 라고 말해보자. 꼭 강의나 강연이 아니더라도 남들 앞에서 말을 할 수 있는 기회는 주변에 얼마든지 많이 있다. 회의 진행, 안건 제시, 보고서 발표, 가족회의, 소규모 모임 진행, 친구들이나 가족들과 자유 여행 시에 가이드하기, 회식진행, 술자리 게임진행, 거래처 미팅 등 일상생활 에서도 말할 기회는 얼마든지 많이 있다. 그런 기회들을 모두 잡아서 말을 자꾸 해보라는 것이다. 그래야 저 깊이 잠자고 있는 말이 조금씩 조금 씩 깨어 날 수 있다. 방법을 모르겠다고 주저 하지 말자. 일단 기회를 잡으면 방법은 얼마든지 찾아낼 수 있다.

지금도 나는 어떤 제안이나 기회가 오면 "네, 좋아요 할게요." 하고 일단 대답부터 한다. 마치 자동응답기처럼 나도 모르게 대답이 나온다. 그리고 나서 몇 날 며칠 '어떻게 해야 하지' 하고 고민한다. 물론 '내가 미쳤지' 하고 자책 하는 경우도 있지만 나는 반드시 방법을 찾아서 나에게 온 기회를 온전히 내 것으로 만들고 있다. 기회는 또 다른 기회를 가져온다. 그리고 기회가 거듭 될수록 스피치 스킬은 계속 올라간다. 기회가 오면 무조건 "네 제가 할게요" 라고 대답하기. 내 안에 잠자고 있는 말을 깨우는 첫 번째 방법이다.

내가 하는 일이 아무 문제없이 잘되고 있거나 나 스스로 어느 정도 수준에 올랐다는 생각이 들면 꼭 한 번씩 매너리즘에 빠지게 된다. 대본 준비도 대충 할뿐더러 리허설도 대충 하거나 아예 안하게 된다. 나 역시 마찬가지였다. 경력이 늘어나고 경험이 쌓이다 보니 남들이 부러워 할 만한 강점이 몇 개 생겼다. 그 중 하나가 임기응변이 탁월해져서 연습을 대충해도 실전에서는 실수 없이 잘해내곤 하는 거였다. 이 스킬을 너무 믿은 나머지 엄청난 실수를 한 적이 있다.

새로운 제품 강의를 하던 날이었다. 신제품은 아니고 기존에 있던 제품이 더 좋게 리뉴얼된 제품이었다. 리뉴얼 제품도 신제품 런칭 강의와 똑같이 해야 기존에 있던 이미지를 없애고 새로운 분위기를 만들어 줄 수 있다. 모든 강의가 마찬가지겠지만 특히 신제품 강의 때는 리허설을 수도 없이 반복한다. 그날도 역시 리허설을 하기는 했다. 그런데 제대로 된 리허설이 아니었다. 귀찮기도 했고 '나는 어차피 실전에 강하니까, 이번에도 잘 할 거야, 완전한 신제품도 아닌데 뭐' 라는 생각에 리허설을 머리로만 했었다. 눈을 감고 머리에서 이미지를 띄우고 흐름만 상상 했던 것이다. 물론 이미지 상상하기는 매우 좋은 방법이다. 최고의 기량을 뽑아내기 위해서는 반드시 이미지 트레이닝을 하면서 마음을 가다듬고 긴장 상태를 풀어주어야 한다. 하지만 스피치 리허설은 절대로 이미지 트레이닝으로 끝내서는 안 된다. 왜? 말은 입으로 하는 것이기 때문이다. 그래서 반드시 한번은 입 밖으로 말 할 내용들이 나와 줘야한다. 가수가 리허설을 상상으로만 하는 것을 본적이 있는가? 뮤지컬 배우들이 직접 노래하고 춤추지 않고 머리로만 리허설을 하는 것도 본적은 없을 것이다.

입을 통해서 전달해야 하는 것들은 반드시 입으로 리허설을 해야 한다. 소리가 입을 통해 밖으로 나오는 연습이 되어 있어야 실전에서 실수 없이 잘 할 수 있다. 대본은 눈으로만 읽을 때와 직접 소리를 내서 말할 때 느낌이 많이 다르다. 소리를 내어 읽다보면 표현이 어색한 부분이나 내가 이해하지 못한 내용을 발견해서 수정 할 수 있다. 또한 문장 순서에 따라 전달되는 느낌도 달라져서 구성이나 내용을 변경 할 수도 있다. 그렇기 때문에 강의나 발표를 하기 전에는 반드시 입으로 리허설을 해야 한다.

그 날 리허설을 머리로만 했던 나의 강의는 어땠을까? 무대에 올라간 순간 머릿속에 있던 대본이 다 지워졌다. 첫 멘트부터 생각이 나지 않았다. 강의나 발표를 할 때 제일 중요한 순간이 처음 시작 2분이다. 그 때 준비한 대로 멘트가 나오면 긴장이 풀리면서 다음 내용도 술술 나오게 된다. 그런데 첫 시작 2분이 꼬이면 그 뒤에도 계속 꼬여서 결국엔 횡설수설하다가 아무 말이나 '지껄이고' 끝내게 된다. 나 역시 마찬가지였다. 첫 멘트부터 꼬이기 시작하니 결국엔 전체 흐름도 다 깨졌다. 심지어는 내가 말을 하면서도 '내가 지금 무슨 말을 하고 있는 거야' 라는 생각이 들 정도였다. 그렇게 아무 말이나 '지껄이고' 강의를 끝낸 나는 한동안 창피함과 자괴감에 시달리며 자책을 했다.

스피치의 경험이 아무리 많다고 해도 절대 리허설을 생략 하면 안 된다. 대충 해서도 안 되고 머리로만 해서도 안 된다. 말은 입을 통해 밖으로 나올 때 제대로 된 말이 된다. 내 안에 잠자고 있는 말을 깨우려면 내가 하고 싶은 말을 입 밖으로 끄집어내야 한다. 그 말을 제대로 끄집어 낼 수 있는 작업이 바로 리허설이다. 리허설이 생략되면 말이 깨워지기는커녕 오히려 실전에서 실수했다는 창피함과 부끄러움으로 말이 더 깊숙이 들어가 버린다. 내 안의 말들이 더 빠르게 깨어날 수 있게 하는 두 번째 방법, 리허설은 반드시 입으로 하자이다.

내 안에 잠자고 있는 말을 깨울 수 있는 마지막 방법은 더 큰 상황을 설정하는 것이다. 내가 수강했던 스피치 교육 수업에서 들은 이야기이다. 명문대에 다니면서 성적도 좋고 인물도 좋은 아이가 매번 면접에서 떨어져 취업이 안 된다고 하면서 대표님께 1:1 면접코칭을 의뢰 했다고 한다. 그 아이를 만나서 가만히 보니 왜 면접에서 탈락 했는지 알 것 같았다고 했다. 사람들 앞에만 서면 한없이 작고 약해지는 목소리가 원인이었다. 그래서 이 아이에게 면접 코칭 대신 강의 코칭을 시작 하셨단다. 면접 보다 더 큰 상황에서 말하는 연습을 시킨 것이다. 강의를 할 때 목소리 크기는 면접관과 대화할 때보다 50배는 더 커져야 한다. 면접관의 숫자보다 더 많은 청중들의 시선도 견뎌야 하고 동작도 커져야 하며 표정도 커져야 한다. 이렇게 더 큰 상황을 설정하고 연습을 시킨 결과 그 친구는 국내 모 대기업에 당당하게 입사해서 열심히 일하고 있다고 했다.

어느 휴게소 화장실 문에 이런 문구가 붙어 있었다. '큰일부터 처리해라. 그러면 작은 일은 자연스럽게 풀릴 것이다' 지금 상황보다 더 큰 상황을 설정하고 거기에 맞춰서 훈련을 하다 보면 나의 작은 상황들은 자연스럽게 해결된다. 면접 보다 더 큰 상황인 강의를 연습해서 면접을 통과한 친구나, 1:1 대화도 제대로 하지 못했던 내가 설문지 받아오기라는 더 큰 상황에 놓여 소리를 지르는 순간 작은 대화는 식은 죽 먹기가 된 것처럼 말이다. 혹시 지금 회의 시간에 발표 때문에 고민하고 있는가? 임직원 앞에서 프레젠테이션을 해야 해서 고민 하고 있는가? 그럼 한 단계 더 큰 상황을 만들어서 연습해보자. 회의 대신 강당에서 프레젠테이션을 하는 연습으로 바꾸고, 프레젠테이션 대신 〈세상을 바꾸는 시간, 15분〉에 나와서 강연 하는 연습으로 바꾸자. 이렇게 더 큰 상황을 만들어 놓고 연습을 하다보면 지금의 고민과 불안감은 자연스럽게 해소될 것이다.

당신도 원래 말을 잘하는 사람이었다. 다만 그 말이 당신의 마음속에서 깊이 잠들어 있을 뿐이다. 이제 그 말을 깨워야 한다. 기회가 오면 너무 깊게 생각하지 말고 "네 제가 해 볼게요" 라고 말하고, 시야를 한 뼘만 넓혀서 지금 내 상황보다 더 큰 상황을 설정해서 연습해보자. 단, 무조건 입으로 소리를 내서 연습해야 한다. 내 안에 깊이 잠들어 있던 말이 깨어나는 순간 당신은 이미 유능한 스피커 이다.

말 잘하게 만들어 주는 습관

습관이란 반복된 행동이 자동적으로 나타나는 현상을 말한다. 찰스 두히그는 그의 저서 《습관의 힘》에서 '습관이란 어떤 시점에는 무의식적으로 결정하지만 얼마 후에는 생각조차 하지 않으면서도 거의 매일 반복하는 선택' 이라고 이야기 하고 있다. 스피치도 습관만 제대로 만들어 놓으면 얼마든지 잘 할 수 있다. 왜냐하면 말은 선천적인 요소보다 환경과 노력의 힘이 더 크게 작용하기 때문이다. 그렇다면 말을 잘하기 위해서 우리가 만들어야 할 습관은 무엇이 있을까? 또 어떻게 하면 그 습관을 조금 더 쉽게 만들 수 있을까?

내가 신입사원 연수 때의 일이다. 연수 프로그램 첫 번째 순서가 '1분 자기소개' 였다. 나는 지금도 제일 떨리는 시간이 자기소개 시간이다. 시간이 짧아 쉬울 것 같아도 철저한 준비가 없으면 망치기 딱 좋은 게 자기소개이기 때문이다. (자기소개를 우습게봤다가 망신당하는 사람들이 의외로 많다.) 더구나 그때의 나는 발표에 대한 공포심이 완전히 사라지지 않은 시기였기에 또 땅이 꺼져라 한숨을 쉬고 있었다. 30여명 정도의 동기들 앞에서 1분을 어떻게 보내야 하는지 걱정이 앞섰다. 더구나 그 자리에는 강의를 위해서 함께 온 선배들도 있었다. 자기소개는 '괜찮은 후배'로 찍힐(?) 수 있는 절호의 기회였다. 그 때 나는 1분 자기소개를 1시간 발표 수업 보다 더 열심히 준비 했던 것 같다. 내 각오와 생각을 표현할 수 있는 명언은 다 찾아보면서 하루 종일 멘트를 썼다 지웠다 했다. 그 당시의 멘트가 정확하게 기억은 나지 않지만 발표 했던 내 모습은 아직도 생생하게 기억난다. 긴장을 감추려고 활짝 웃었다가 입 꼬리가 떨리는 것을 적나라하게 보여준 것과 말하는 내내 목소리와 손가락이 파르르 떨렸던 것까지. 그럼에도 불구하고 나는 준비했던 말을 끝까지 다 했다. 자기소개가 끝나자 사회를 보던 선배가 이렇게 말을 했다. "이 친구처럼 떨면서도 본인이 준비한 말을 끝까지 다 하는 사람들이 살아남더라고요." 라고 하면서 나에게 엄지손가락을 들어줬다.

내가 떨리는 와중에도 끝까지 할 말을 다 할 수 있었건 혼자서 하루 종일 반복했던 연습 덕분이었다. '몸이 기억 한다'는 말이 있지 않은가? 1분 동안 해야 할 말을 하루 종일 연습 하니 내 입이 알아서 소리를 내주었던 것 같다. 1분이라는 시간이 평소에는 별 거 아닌 것 같지만 스피치에 자신이 없는 사람에게는 10시간과 맞먹는 시간이다. 그런 상황에서 공포심을 없앨 수 없는 유일한 방법은 연습밖에 없다. 진부하지만 진리이다. 연습은 누구나 할 수 있지만 누구나 하지 않기 때문에 유일한 방법이 될 수 있다. 특히 말하기에 있어서 연습은 실력을 가장 빨리 키울 수 있는 최고의 방법이다. 1분 자기소개든 1시간 강의든, 심지어 회의시간 아이디어 발표나 안건 발표를 하는 자리든 말을 해야 하는 자리라면 무조건 연습하는 습관을 만들어야 한다. 연습하는 습관이 장착되면 언제 어디서든 자동적으로 말을 잘 할 수 있게 된다.

얼마 전 사회적으로 '갑질'이 이슈가 된 적이 있다. 물론 지금도 갑질은 사회적인 문제가 되고 있지만 한동안 전 국민의 관심을 한 몸에 받았던 적이 있었다. 마침 그 때 나는 장(腸)건강과 관련된 강의를 주로 하고 있었다. 보통 장과 관련된 건강강의는 흡수, 배출과 같은 소화기능과 면역력에 포커스를 맞춘 강의를 많이 한다. 다른 사례가 없을까 고민하던 찰나 사회적으로 갑질 사태가 터졌다. 갑질 사례와 장(腸)건강이 무슨 연관이 있는지 의아할 것이다. 나는 이 사례를 장(腸)은 제2의 뇌라는 공식과 연관 시켰다. 그래서 여러 가지 감정적 질환들과 정서적인 문제의 해결을 장내 건강한 환경 조성으로 도움을 받을 수 있다는 내용으로 콘셉트를 잡고 강의를 했다. 민감하지만 흥미 있는 사례여서 그런지 강의 시간 내내 호응도 좋았고 장(腸)건강에 도움을 주는 건강식품 판매의 또 다른 루트를 제공 할 수 있었다.

말을 잘하기 위해서는 우선 말할 거리가 많아야 한다. 말 할 거리를 많이 만드는 방법 중 하나는 앞서 말 한 독서이고, 또 하나의 방법은 모든 상황에 관심 갖기 이다. 관심도 습관으로 만들어야 한다. 특히 사회적인 이슈들에 관심을 가지고 있으면 어느 자리에서건 쉽게 말할 거리로 활용할 수 있다. (물론 너무 극단적인 본인의 주장은 오히려 독이 될 수 있지만 적어도 자신의 생각을 어느 정도 표현 할 수 있을 만큼의 관심은 가지고 있는 게 좋다.) 처음에는 스치듯 지나갔던 이슈들도 말하기 소재가 될 수 있고 그렇게 말 할 거리들이 많아지다 보면 자연스럽게 말을 잘 할 수밖에 없게 된다.

관심 갖기를 습관으로 만들어야 하는 또 다른 이유가 있다. 관심을 갖다 보면 생각을 하게 되고 그 생각을 정리하면 할 말이 만들어진다. 할 말이 만들어 진다는 건 그 만큼 말할 거리가 많이 생긴다는 뜻이기도 하다. 또한 본인의 생각을 정리하는 연습이 되니 자연스럽게 생각력(力)이 길러진다. 생각력(力)이 길러지면 말을 센스 있게 잘 할 수 있게 된다. 주변 상황에 관심을 갖는 습관이 곧 말을 잘하게 만들어 주는 습관이다.

나는 TV 예능 프로그램을 좋아한다. 그 중에서도 토크쇼 형식의 프로그램들은 빼 놓지 않고 보는 편인데 〈라디오 스타, 해피투게더, 한끼줍쇼〉 지금은 종영된 〈비정상회담〉은 내가 특히 좋아하는 프로그램들이다. 이들 프로그램의 공통점이 보이는가? 모두 대화 즉, 말이 주가 되는 프로그램들이다. 단순히 재미로 볼 수 도 있지만 이 프로그램들을 보면서도 말을 잘 할 수 있는 방법들을 습득 할 수 있다. 메인 진행자와 서브 진행자의 진행 방법을 배울 수 있고, 그들이 대화를 이끌어 가는 모습을 보면서 실제 모임 자리에서 실천 해 볼 수 있다. 대화의 주제가 다른 방향으로 가고 있을 때 다시 되잡는 힌트도 얻을 수 있다. 내 생각을 어떻게 표현 하는지, 내 의견에 반대하는 사람들은 어떻게 대하는지, 또 그 상황을 어떤 방법으로 중재 하는지도 알아 볼 수 있다. 특히나 〈한끼줍쇼〉 라는 프로그램은 일반인들이 나오기 때문에 처음 보는 그들과의 대화를 자연스럽게 이끄는 모습도 벤치마킹 할 수 있다.

나는 이런 프로그램들을 보면서 말하기 연습을 한다. 내가 보고 있는 프로그램에 게스트로 출연하고 있다고 생각하고 진행자의 질문에 대답을 하면서 보는 것이다. 그리고 출연진들의 대화를 들으면서 '나라면 이렇게 질문 하고 대답 했을 텐데, 나라면 이런 농담을 했을 텐데.' 하면서 말하기 연습을 한다. 여기에 하나 더, 대답을 할 때 핸드폰으로 녹음을 한다. 나중에 그 녹음된 내용을 들으면서 발음, 목소리, 말투 등의 말버릇 교정을 하고 더 좋은 표현법으로 대답 내용을 고치면서 문장력을 기르는 연습도 한다. 현실의 나는 시청자이기 때문에 미리 그들의 대본을 볼 수 없다. 그래서 그들의 질문에 즉흥적으로 생각하고 말 하는 연습도 할 수 있게 된다. 만약 누군가와 함께 TV를 시청 하는 상황이라면 노트와 펜을 준비해서 내 생각을 적으면서 보면 된다. 나중에 그 표현법을 보면서 다시 수정할 수 있고 그 상황을 상상하면서 대본 연습을 할 수도 있다. 이 방법의 좋은 점은 여러 가지 상황을 간접적으로 접할 수 있다는 것이다. TV 이지만 직접 보면서 하기 때문에 그 상황에 더 집중 할 수 있고, 마치 실전 인 것 같은 느낌도 받을 수 있다. 이런 간접 상황을 활용해서 연습하는 습관을 길러주면 실제 접하게 되는 모든 상황에서도 긴장 하지 않고 말을 잘 할 수 있게 된다.

이런 내용들을 아주 쉽게 습관화 시킬 수 있는 방법이 있다. 바로 같은 목적을 가지고 있는 사람들과 함께 하는 것이다. 습관은 누군가의 도움을 받을 때 상대적으로 쉽게 만들 수 있기 때문이다. 미국의 심리학자 토드 헤더튼은 "변화는 다른 사람들과 어울릴 때 일어납니다. 다른 사람의 눈으로 변화를 볼 수 있을 때 정말로 변한 것이란 느낌이 듭니다." 라고 이야기 했다. 말을 잘하고 싶은 사람들의 모임에 들어가거나,

주변에 있는 스피치 기관들을 활용하면 좋을 것 같다. 함께 어울리면서 말을 잘 할 수 있는 습관을 함께 만들어 갈 때 그 습관을 더 빠르고 정확하게 정착 시킬 수 있다.

습관이란 반복된 행동이 자동적으로 나타나는 현상이라고 이야기 했다. 말을 잘하기 위한 여러 가지 방법을 알고 있다고 하더라도 반복적으로 연습하지 않고 의식적으로 노력하지 않는다면 절대 습관적으로 말을 잘 할 수가 없다. 깊고 넓은 물줄기도 한줄기의 물이 흐르는 것에서부터 시작 되듯이 말을 습관적으로 잘하는 방법도 한 번의 연습부터 시작 된다. 그리고 그 연습이 반복되면 어느덧 습관이 형성되고 그렇게 만들어진 습관은 자동적으로 말을 잘하게 해 줄 것이다.

오늘 알고 내일 바로 써 먹는 말의 Tip

지금까지 말을 잘 할 수 있는 여러 가지 방법들을 소개 했다. 이 방법들에 살짝 양념을 더해 더 맛깔나게 말할 수 있는 3가지 팁을 이야기 하겠다. 당장 내일부터 활용 할 수 있는 아주 쉬운 방법이니 꼭 실천 해 보길 바란다.

첫 번째, 남의 멘트를 살짝 비틀면 창의적인 나만의 멘트가 된다.

아주 흔한 콘셉트의 제품을 소개해야 하는 자리가 있었다. 더 이상 이 성분을 활용한 제품이 나오면 안 될 정도로 시장성이 없는 제품 이었다. 브랜드 파워가 있는 것도 아니었고 그 어떤 틈새도, 차별화 된 점도 없었다. 고민에 고민을 거듭 한 끝에 내린 결론은 하나였다. 표현법을 다르게 하는 것. 조금이라도 경쟁력이 있다는 걸 어필하기 위해서는 같은 내용을 다르게 표현하는 방법 밖에 없었다. 같은 종류의 제품과 관련된 모든 자료들을 다 살펴봤고 제일 맘에 드는 멘트 하나를 뽑았다. 그리고 그 멘트를 아주 살짝 비틀었다. '특별한 일이 생기면 이 제품을 사용 합니다.' -> '이 제품이 화장대에 올라가는 순간 매일 매일이 특별한 날이 됩니다.' 반응은 당연히 좋았고 '같은 성분의 제품이지만 다른 건 특별한 날에 쓰는 제품, 우리건 매일 쓰는 제품' 으로 청중들에게 각인 되었다.

요즘 창의력 이라는 단어가 화두이다. 창의력, 말 그대로 새로운 생각을 해내는 힘을 뜻한다. 스피치에도 창의력이 필요하다. 나는 스피치의 창의력은 다양한 표현법을 사용 하는 것에서 나올 수 있다고 생각한다. 표현법이 다양해지면 말이 풍성해진다.

표현법을 늘리는 방법에는 유의어 활용하기, 문장 배열순서 바꾸기, 단어 하나 첨가하기 등이 있다. 내가 변형 시킨 문장은 단어 하나를 첨가해서 문장의 배열을 바꾼 예이다. 유의어 사용하기의 예를 들어보면 '성격이 쾌활하다.' 라는 문장을 쾌활하다와 관련된 유의어 '명랑하다, 유쾌하다, 활발하다' 등의 표현을 사용해서 표현하는 것이다. 이렇게 다양한 표현법을 활용한 말하기 방법은 같은 맥락의 내용을 여러 번 전달해야 하는 상황에서 탁월한 효과를 발휘 한다. 같은 문장도 표현하는 단어와 문장의 순서가 달라지면 새롭게 받아들여지기 때문이다.

나는 이 표현법을 더 쉽게 사용하기 위해서 광고카피노트를 만들어서 활용한다. 광고 카피는 임팩트 있는 문장력을 기르고 표현법을 공부시키는 아주 좋은 수단이다. 말도 문장으로 하는 것이다. 따라서 문장력이 좋아지면 스피치 스킬도 좋아질 수밖에 없다. 광고 카피를 적어놓고 상황에 맞게 비틀어서 사용하면 된다. 나는 주로 강의나 프레젠테이션 제목을 정하거나 끝마무리를 할 때 많이 사용한다.

예를 들면 '당신의 일상에는 쉼표가 필요합니다.' 라는 싱가폴 에어

라인의 기업광고 카피를 '건강관리에는 쉼표가 필요하지 않습니다.' 로 바꾸는 식이다. 이렇게 기존의 여러 가지 멘트들을 아주 살짝만 비틀면 나만의 멘트를 아주 쉽게 만들 수 있다. 모방은 창조의 어머니라고 하지 않던가. 오늘부터 하루에 한 문장만 비틀어보자. 당신의 말이 훨씬 더 풍성해질 것이다.

두 번째, 말할 내용은 반드시 직접 만들자.

너무 당연한 이야기 아닌가? 내가 말할 대본은 내가 직접 쓰는 게 맞다. 직접 쓰지 못할 상황이라면 최소한 한번은 읽어보고 전체적인 맥락을 이해 한 후 이야기를 시작해야 한다.

예전에 상사의 자료를 만들어 준적이 있었다. 본인이 설명할 주제만 던져주고서 그에 걸 맞는 ppt를 만들라고 해서 몇 날 며칠 자료를 찾아서 만들었다. 각 장표와 해당되는 스토리도 적어 주었다. 하지만 상사는 내가 전달해준 자료를 한번 보지도 않고 바로 강단에 섰다. 물론 전체적인 흐름과 핵심 주제는 당사자의 머릿속에 있었기 때문에 어떤 말을 해야 할지 알고 있었을 것이다. 하지만 남이 만들어준 내용을 접목해서 이야기를 해야 하는 상황이라면 반드시 한번은 어떤 흐름으로, 어떤 이미지로 내용이 만들어졌는지 확인해야 한다. 그래야 실수 하지 않고 임팩트 있게 말을 할 수 있게 된다. 한 번의 검토도 없이 올라선 그날의 강의는 어땠을까? 말과 ppt 자료가 맞지 않아서 앞뒤로 왔다 갔다 했고 심지어는 '내가 하라는 대로 안 만들었다' 며 공개적인 자리에서 나를 '말귀도 못 알아듣는 직원'으로 평가 절하 까지 했다. 마치 본인이 강의를 망친 게 다 내 잘못이라는 듯이 말이다.

본인이 말 할 내용은 본인이 직접 만드는 게 제일 좋다. 해주기 싫어서가 아니다. 내 생각을 내가 직접 정리할 때 최고로 말을 잘 할 수 있게 되기 때문이다. 그리고 이야기 도중 생기는 여러 가지 돌발 상황에도 적절하게 대처 할 수 있다. 우리가 흔히 스피치의 달인이라고 말하는 유명한 사람들도 대본은 반드시 직접 쓴다고 했다. 그래야만 내 생각을 온전하게 제대로 전달 할 수 있기 때문이다. 온전하게 제대로 전달하는 것, 이게 말을 잘하는 방법이다. 내가 할 말에 대한 자료는 가능하면 내가 직접 만들자. 그래야 말을 잘 할 수 있게 된다.

세 번째, 매 순간 기록하기

내가 살고 있는 모든 순간이 나의 스토리가 된다. 오늘 아침 세수 할 때 클렌징 폼 대신 치약을 짠 것도 스토리가 될 수 있고, 주차를 어디에 했는지 기억이 안 나서 주차장을 헤매고 다닌 것도 스토리가 될 수 있다. 중요한 강의를 앞두고 절대 씨리얼을 먹지 않는 징크스도 스토리가 될 수 있고, 지하철 안에서 너무 시끄럽게 떠든 사람 때문에 짜증이 난 것도 스토리가 될 수 있다. 중요한건 이런 스토리들을 매일 매일 기록하는 것이다. 매일 매일 기록 하는 것, 즉 일기 쓰기 이다. 일기는 말거리를 풍성하게 해준다. 말을 잘하는 방법 중에 하나는 다양한 사례를 곁들이는 것이다. 사례를 간접적으로도 찾을 수 있는 방법이 많이 있지만 말에 생기를 주기 위해서는 내가 직접 경험한 사례가 제일 좋다. 그 사례를 다양하게 찾을 수 있는 방법이 바로 일기쓰기 이다.

나의 부친(父親)은 지금까지도 매일 매일을 기록 하신다. 일을 마치고 집에 오면 제일 먼저 하는 일이 까만색 가죽케이스로 된 사무용 노트를 펴서 그날 일을 기록 하는 것이다. 특별한 것은 없다. 그저 오늘 뭘 했는지 아주 짤막하게 적는다. 그러기를 수십 년 째 반복 하고 있다. 말을 하면 할수록 사례가 중요하다는 걸 알게 된 후부터 나도 아빠처럼 매일 매일을 기록 하고 있다. 절대 길게 쓰지 않는다. 아주 작은 수첩에 오늘 있었던 일들을 한 줄로 적고 그 때 내 기분이 어땠는지 한 단어로 적는다. 예를 들면 '오늘 oo 미팅자리에서 10살이나 어려 보인다는 소리 들음. 기분 완전 째짐' 이런 식이다. 아주 사소한 일상을 아주 사소하게 적어 놓는 것이다. 그리고 이런 사례들을 강의 때나 모임에서 말을 해야 할 때 활용한다. "요즘 사람들은 예쁘다는 말보다 어려 보인다는 말에 더 기분이 좋아진다고 합니다. 그래서 그런지 남녀노소 불문하고 동안 열풍인데요. 저도 얼마 전 처음 참석하는 미팅 자리에서 저를 10살이나 어리게 봐주셔서 제가 다 깜짝 놀랐습니다. 역시 꾸준히 관리하길 잘 했다는 생각이 들면서 세삼 이 제품이 더 사랑스럽게 보이더라고요. 오늘 이 강의가 끝나면 여러분도 10살 어려지실 겁니다. 지금부터 함께 하시죠" 이렇게 말이다.

스피치를 할 때 내가 경험한 실제 사례가 들어가면 말이 더 생생하게 전달된다. 그리고 신뢰감도 높아진다. 말을 함에 있어서 신뢰감과 생생한 전달력은 말의 가치를 높여주는 도구가 된다. 기억은 기록을 이길 수 없다는 유명한 문장이 있다. 매 순간을 기록하다 보면 그 안에서 말을 생생하게 만들어 줄 다양한 사례들을 찾을 수 있다. 그리고 그 사례들은 나의 말을 더 가치 있게 만들어주고, 나를 말 잘하는 사람으로 인정받게 해 줄 것이다.

말을 잘하고 싶다면 반드시 기억 했으면 좋겠다. 말을 할 수 있는 모든 환경을 활용하는 것과 연습을 반복해서 완전하게 습관으로 만드는 것. 모든 스피치 강사들이 공통적으로 이야기한다. 말은 절대 타고나는 게 아니며 방법만 제대로 알면 누구나 얼마든지 잘 할 수 있다고. 나 역시 똑같이 말해주고 싶다. 그리고 나도 했으니 당신도 할 수 있다는 아주 흔한 말을 진심으로 꼭 해주고 싶다. 친척들에게 인사도 못했던 내가 말을 업으로 삼고 있고 이제는 말을 잘하는 방법을 공유하고 있으니 말이다. 나의 방법들, 그리고 뒤에 이어질 여러 가지 방법들을 꼭 당신만의 것으로 소화시키길 바란다. 이 책의 방법대로만 제대로 연습한다면 당신도 반드시 말로 인정받을 수 있게 된다. 그리고 누군가에게 이런 질문을 받게 될 것이다.

"말씀을 정말 잘하시네요. 저도 말을 잘하고 싶은데 어떻게 하면 될까요?"

PART 2

인정받는 스피치 첫 번째 비책, 질문

_ 최란

물음표 대화의 힘

"너라면 뭘 원하겠니?"

세 가지 소원을 들어주겠다는 지니의 말에 알라딘은 대답 대신 질문을 던진다. 무얼 원하느냐는 질문을 받은 순간, 램프의 요정 지니는 당황한다. 늘 타인의 소원을 이루어주면서도 정작 자기 자신은 무엇을 원하는지 생각해 본 적이 없었던 것이다. 알라딘의 질문을 계기로 지니는 자신이 원하는 바를 고민하게 되고, '자유를 얻고 싶다.'고 말한다. 그리고 알라딘은 자신의 마지막 소원으로 지니의 자유를 빌어준다.

만약 알라딘이 지니에게 위와 같은 질문을 던지지 않았다면, 지니는 아마도 램프 안에서 타인의 소원만 들어주며 살았을 것이다. 자신의 소원은 간과한 채. 지니를 생각하게 하고, 지니가 원하는 바를 실현하게 만든 것은 바로 알라딘의 질문이었다. 물음표 대화, 즉 질문에는 이런 힘이 있다. 생각, 마음, 그리고 관계를 여는 힘 말이다. 그러나 안타깝게도 오늘날 대다수의 사람들은 질문하는 법을 잊어버렸다.

현재 나는 대학교에서 말하기 강의를 하고 있다. 강의 특성 상 매 시간 토론과 발표를 진행하는데, 시간이 지날수록 학생들의 말하기에는 자신감이 붙고 실력이 개선된다. 문제는 질문이다. 학생들 대부분이 자신의 이야기는 잘 하면서도, 수업이나 학우의 발표를 듣고 질문을 던지라고 하면 입을 닫는다. 과연 질문을 어려워하는 것이 학생들만의 문제일까. 서로에게 질문을 하지 않으며 대화를 잃어버린 부부, 아이들이 원하는 바를 묻기 보다는 잔소리를 하는 부모, 질문보다는 명령이 익숙한 리더와 직원 등 거의 모든 사람들에게 해당 되는 이야기이다. 많은 사람들이 서로에게 무엇을, 어떻게 물어야 하는지 모른다. 그렇게 우리는 대화의 물꼬를 틀 수 있는 '질문'을 잃어버렸다.

우리가 질문을 잃어버린 이유는 바로 '너를 다 안다'라는 착각 때문이다. '굳이 다 아는 것을 뭐 하러 물어봐', '들어봤자 뻔하지' 생각하며, 질문보다는 혼자 답을 내리는 편을 선택한다. 그러나 묻지 않으면 상대를 온전히 알 수 없다. 질문은 관심의 표현이다. 소개팅에서 마음에 드는 상대를 만났다고 생각해보자. 그 사람의 취미, 좋아하는 음식, 가족관계, 앞으로의 계획 등 많은 부분이 궁금할 것이다. 그리고 질문을 통해 그 사람에 대한 정보를 얻고 서로의 공통점을 찾으며 이해의 폭을 넓혀갈 것이다. 이처럼 상대를, 나 자신을, 공부하는 대상을 더 알고 싶다는 관심이 있다면 자연스럽게 질문을 하게 된다. 그렇다면 질문에는 어떤 힘이 있을까?

막혀있는 생각을 열어주는 힘

한 스타트 업 회사의 소통 교육을 의뢰 받은 적이 있다. 그 회사의 대표는 중국, 베트남 등 다양한 국적의 사람들이 함께 모여서 일을 하다 보니 직원들과의 소통이 쉽지 않다고 어려움을 토로했다. 또한 좀 더 적극적으로 소통하고 업무에 임하는 조직 문화를 만들고 싶은데, 소극적인 자세의 직원들이 걱정이라고 했다. 교육이 끝나갈 무렵, 나는 직원들 한 명 한 명에게 '일이 자신에게 어떤 의미인지'를 물었다. 그들은 그 업계에서 이루고 싶은 목표, 고객에게 전하고 싶은 가치, 자신의 비전 등을 이야기했다. 단순히 돈을 벌기 위해 일한다는 사람은 아무도 없었다. 그리고 각자의 의미를 실현하기 위해 앞으로 어떻게 업무에 임할 것인지를 공유했다.

교육을 마친 후 대표는 직원들이 그런 멋진 생각을 가지고 있는지 전혀 몰랐다고 이야기했다. 늘 자기 자신만 회사에 대한 열정이 있는 것 같아 힘들었는데, 직원들의 이야기를 듣고 그들을 조금 더 신뢰하게 되었다고 말했다. 더불어 어떻게 하면 그들을 움직일 수 있는지 직원들의 말 속에서 힌트를 얻었다고 했다. 그가 혼자 고민하기 이전에, 직원들에게 회사의 비전을 공유하고 그들의 생각을 물었다면 조금 더 빨리 해답을 찾지 않았을까.

우리는 이처럼 종종 나만의 생각에 몰두한 나머지, 바로 옆에 있는 쉬운 답도 놓치는 경우가 있다. 때문에 경영자들은 자신의 생각을 일깨워주는 코치를 옆에 두고 도움을 받곤 한다. 이 때 코치는 직접적인 솔루션을 제시하지 않고, 질문을 통해 경영자 스스로가 답을 찾도록 돕는 역할을 한다. 소크라테스 역시 '지혜는 스스로 잉태해야 한다'며, 자신을 '질문으로 지혜의 잉태를 돕는 산파'에 비유하기도 했다. 상대를 가르치는 것이 아니라 질문을 통해 스스로 지혜를 깨우치도록 도와준 것이다.

많은 사람들이 질문은 자신의 무지를 드러내는 부끄러운 일이라 생각한다. 그러나 질문으로 인한 부끄러움보다 독단적인 생각으로 잘못된 결과를 만들어 냈을 때의 부끄러움이 더 큰 법이다. 이것이 최선인지, 더 나은 방법은 없는지, 이 방향이 맞는지 스스로에게 끊임없이 질문을 던지는 동시에 타인에게 물어야 한다. 계획한 일이 생각처럼 잘 풀리지 않을 때에는 혼자 끙끙대지 말고 질문을 던져보자. 주변 사람들로부터 생각하지도 못한 해답을 얻을 수 있을 것이다.

닫혀있는 마음을 열어주는 힘

어느 날 갑자기 남편이 잘 다니던 회사를 그만 두겠다고 통보했다. 이런저런 이야기들로 설득해 봤지만, 회사에 대한 불만으로 가득 차 있던 남편은 마음을 쉽게 열지 않았다. 이야기를 하면 할수록 "당신마저 내 마음을 몰라준다."며 서운해 할 뿐이었다. 내가 어떤 이야기를 해도 남편의 생각은 바뀌지 않을 것 같았다. 나는 내 말을 이어가는 대신 질문을 던졌다. "여보가 원하는 직장은 어떤 모습이야?" 남편은 이야기를 멈추고 잠시 생각에 잠겼다.

그 질문을 계기로, 남편은 자신이 원하는 직장의 모습을 구체적으로 고민해 보고 무엇 때문에 회사를 그만두고 싶을 정도로 힘든지를 되돌아보았다. 그리고 이직이 현재 문제를 해결할 수 있는 답이 아니라는 결론을 내렸다. "어딜 가나 비슷한 문제는 반복될 거야. 문제는 상황이 아니라 내 마음인 것 같아." 짧은 질문은 굳게 닫혀있던 남편의 마음을 열었고, 스스로 문제를 해결할 수 있는 답을 찾게 했다.

상대를 설득하겠다고 하는 이야기들이 오히려 상대의 마음을 닫아

버릴 때가 있다. 학창시절 열심히 공부해야 한다는 잔소리를 들으며 '그래, 공부는 중요한 일이야. 열심히 해야지!' 다짐을 한 사람은 아마 없을 것이다. '나는 무엇을 할 때 행복하지?', '그 일을 하기 위해 무엇을 해야 하지?'하는 질문을 통해 내적 동기가 일어날 때 스스로 공부하게 된다. '말을 물가에 끌고 갈 수는 있어도 물을 마시게 할 수는 없다'는 속담이 있다. 나의 말로 상대를 움직이는 것에는 한계가 있다는 말이다. 진정 상대의 마음을 열고 싶다면, 내가 하고 싶은 이야기를 멈추고 상대가 하려는 이야기를 들어보자. 답은 내 말이 아닌, 상대의 말 속에 들어있다.

딱딱한 관계를 열어주는 힘

나는 업무 특성상 많은 사람들을 만난다. 특히 교육업체의 대표들을 만날 일이 많은데, 잠시만 이야기를 해도 함께 일하고 싶은 사람이 있는가 하면 그 자리를 빨리 벗어나고 싶게 만드는 사람이 있다.

A업체의 대표와 미팅이 있는 날이었다. 대표는 앞에 앉아 있는 나를 두고 한참이나 업무 관련 통화를 했다. 우리는 약속된 미팅 시간을 훌쩍 넘겨서야 본격적으로 이야기를 시작할 수 있었다. 그런데 대부분의 내용이 '함께 일하면서 하지 말아야 하는 것들'에 대한 주의사항이었고, 나는 온종일 고개만 끄덕이다 미팅을 마쳤다. 긴 시간 대화를 나눈 것도 아닌데 기운이 쏙 빠지는 느낌이었다.

반면, B업체의 대표는 반갑게 나를 맞아주더니 인상 깊은 질문을 던졌다. "최근에 이룬 성과 중 가장 뿌듯했던 일은 뭐가 있을까요?" 나는 잠시 최근 있었던 일들을 돌아봤고, 이런저런 기분 좋은 성과들이 떠올랐다. 대화의 시작이 즐거웠음은 물론이고, 질문을 주고받으며 서로의 스타일을 파악하고 회사의 비전과 나의 비전을 공유할 수 있었다. 미팅은 긴 시간 동안 이어졌지만 지루함을 느낄 새도 없었고, 오히려 에너지를 얻어가는 느낌이었다. 임팩트 있는 질문으로 시작된 미팅을 계기로, 나는 B업체의 대표와 좋은 관계를 형성해 나가고 있다.

이처럼 질문은 대화를 열고 관계를 여는 힘이 있다. 주변에 대화를 편안하고 즐겁게 만드는 사람이 있다면, 그 사람의 대화 방식을 가만히 관찰해 보기를 바란다. 대화를 잘하는 사람들은 언변이 뛰어나기 보다는 적재적소에 필요한 질문을 던진다. "주말이어서 다들 놀러 가나 봐요. 오는 길이 너무 밀리더라고요."라며 본인의 이야기로 대화를 시작하는 사람과 "오는 길 많이 더우셨죠? 길이 막히지는 않았어요?" 하고 질문으로 대화를 시작하는 사람은 상대에게 완전히 다른 느낌을 준다. 질문은 당신을 배려심 있는 사람, 오랜 시간 대화하고 싶은 사람으로 만들어줄 것이다.

당신의 대화방식은 어떠한가? 대화 시간의 대부분을 자신의 이야기로 채우고, 마침표로 대화를 단절시키고 있지는 않은가. 대화를 바꾸고 관계를 바꾸고 싶다면, 해결되지 않는 문제의 실마리를 찾고 싶다면 질문하라. 물음표 대화에는 엄청난 힘이 있다.

좋은 질문 VS 나쁜 질문

세실과 모리스는 예배를 드리러 가는 길에 한 가지 의문이 생겼다. '기도를 하면서 담배를 피워도 되는가' 하는 궁금증이었다. 먼저 세실이 랍비에게 가서 물었다. "기도 중에 담배를 피워도 되나요?" 랍비는 기도는 신성한 것이며, 그 시간에 담배를 피우는 것은 당연히 말도 안 되는 일이라고 화를 냈다. 세실의 이야기를 들은 모리스는 다시 랍비에게 가서 질문한다. "담배를 피우는 중에는 기도하면 안 되나요?" 그의 질문에 랍비는 환하게 웃는 얼굴로 "기도를 하는 데 때와 장소를 가릴 필요가 있을까요. 담배를 피우는 중에도 기도하세요."라고 말했다.

세실과 모리스는 동일한 내용을 질문했지만 랍비로부터 전혀 다른 반응을 얻었다. 두 사람의 질문하는 방식에 차이가 있었기 때문이다. 무작정 질문을 던진다고 좋은 반응, 명쾌한 해답이 나오는 것은 아니다. 같은 내용도 어떻게 질문하느냐에 따라 그 효과는 달라진다. 때문에 우리는 어떤 질문이 좋은 질문인지, 어떻게 하면 더 나은 질문을 던질 수 있는지 고민할 필요가 있다. 그렇다면 좋은 질문과 나쁜 질문에는 어떤 차이가 있는지 살펴보자.

대화를 이끄는 질문 VS 취조하는 질문

고민을 상담해주는 TV 프로그램에 28살까지 한 번도 연애를 못 해 봤다는 한 남자가 출연했다. 얼굴도 잘 생겼고 친구들과의 관계도 좋은 그는 소개팅만 나가면 번번이 실패한다고 말했다. MC들은 그의 문제를 파악하기 위해 가상의 소개팅을 시작했고, 그가 연애를 못하는 이유는 바로 드러났다. 그는 대화가 시작되자마자 많은 질문들을 쏟아냈다. "나이가 어떻게 되나요?", "음식 좋아하는 게 뭐가 있어?", "취미는?"…… 자신이 준비한 질문을 던지는 데 몰두한 나머지, 상대가 하는 답변에는 전혀 관심이 없어 보였다. 그러다보니 대화가 이루어진다는 느낌보다는 취조한다는 느낌이 강했다. 보다 못한 MC들은 한 가지 주제에 대해 길게 대화를 나누어보라고 조언했고, 그는 고기를 좋아한다는 상대의 말에 "무슨 고기 좋아해?", "어느 부위?"라는 말도 안 되는 질문을 남겼다.

그의 질문은 왜 취조하는 느낌을 주었을까. 둘의 대화는 왜 앞으로 나아가지 못하고 한 자리에서 빙빙 도는 느낌을 주었을까. 그 이유는 바로 그가 무엇(what)에 대한 질문만 던졌기 때문이다. 그가 던진 질문에 대한 답을 생각해보자. '스물아홉', '고기', '영화 보기'…… 질문을 받는 사람이 자기 자신에 대해 이야기를 할 수 있는 틈을 주지 않는, 단답형의 답변을 부르는 질문들이다.

내가 잘 모르는 상대나 주제에 대해 이야기를 나눌 때에는 먼저 정보를 수집할 수 있는 질문을 던지는 것이 좋다. 이때 활용할 수 있는 것이 '육하원칙에 따른 질문'이다. 언제, 어디서, 누가, 무엇을, 어떻게, 왜 했는지에 대해 묻는 것이다. 예를 들어 상대가 등산을 좋아한다면 '주로 언제 산을 찾는지', '어디에 있는 산을 오르는지', '누구와 함께 가는지' 혹은 '혼자 가는지' 등을 물어볼 수 있다. 그런데 이 질문들에 대한 답을 생각해보면 답변이 짧고 단순하다는 느낌을 받을 것이다. '언제, 어디서, 누가, 무엇을'에 대한 질문은 단답형의 답변과 연결되는 경우가 많다. 때문에 이러한 질문만 반복할 경우에는 상대를 취조하는 느낌을 줄 수 있다. 반면 '어떻게, 왜'에 대한 질문은 조금 더 구체적인 답을 할 수 있도록 돕는다.

이러한 질문을 했다고 생각해보자. "저는 산을 오르는 게 힘들던데, 체력은 어떻게 관리하세요?", "왜 산을 좋아하게 되신 건가요?" 이 질문을 받은 상대는 자신의 체력관리법과 산을 좋아하게 된 이유에 대해 설명할 것이다. 조금 더 긴 시간 동안 상대의 입을 열게 했다면 그만큼 상대의 마음을 열었다는 자신감을 가져도 좋다. 이와 더불어 상대의 답변 속에서 공유하며 공감할 수 있는 더 좋은 대화의 소재를 끌어낼 수도 있다.

질문이 어렵다고 생각되는 이들은 먼저 육하원칙에 따른 질문을 시도해보자. 또한 상대가 단답형으로 쉽게 답할 수 있는 '언제, 어디서, 누가, 무엇을'에 대한 질문과 이런 저런 이야기를 풀어놓게 되는 '어떻게, 왜'에 대한 질문을 적절히 섞어 던져보자. 어색한 사람과 잘 모르는 주제로 나누는 대화여도 생각보다 편안하게 풀릴 것이다. 이처럼 정보수집 단계에서 '육하원칙에 따른 질문'은 유용한 역할을 한다.

상대를 변화시키는 질문 VS 상대를 질책하는 질문

한 번은 교사연수 소통 강의 중에 '연애하느라 성적이 떨어진 학생에게 하는 질문'을 적어보는 시간을 가졌다. 선생님들은 "네가 지금 연애할 때니?", "너희 부모님은 아시니?", "그 아이와 얼마나 사귈 것 같니?" 등의 질문을 적었다. 나는 선생님들에게 다시 질문을 던졌다. "내가 그 질문을 받으면 어떤 기분이 들 것 같나요? 이번에는 학생의 입장에서 적어보세요."

선생님들은 '이런 걸 왜 물어', '내가 알아서 할 것임', '짜증' 등의 감정을 적어주었다. 그리고 학생들의 입장에서 생각하면서 이런 질문들이 전혀 긍정적인 효과가 없음을 깨달았다. 당신은 어떠한가. 상대가 들었을 때 기분이 언짢아지는 질문, 당신이 원하는 바를 이루는 데 전혀 도움이 되지 않는 질문을 던지고 있지는 않은가.

질문에는 분명한 목적이 있다. 위의 사례의 경우 '연애하느라 성적이 떨어진 학생이 공부를 하도록 돕겠다.'는 목적을 가지고 있다. 그럼에도 불구하고 선생님들은 학생들의 감정을 건드리는 부정적인 질문만을 떠올렸다. 일상생활 속에서도 마찬가지다. 우리는 질문의 목적은 잊은 채, 상대의 감정을 상하게 하는 질문들을 하고 있다. 예를 들어, 자주 지각을 하는 부하 직원이 있다고 하자. 그 직원이 더 이상 지각을 하지 않도록 만드는 것이 우리의 목적이다. 그러나 대부분의 사람들은 "왜 또 지각이야?", "조금 일찍 일어나는 게 그렇게 힘들어?"처럼 상대의 기분을 상하게 할 뿐 아무런 효과가 없는 질문을 던진다.

이럴 때에는 상대의 잘못을 파고드는 질문보다는 해결책을 모색할 수 있는 질문이 필요하다. '왜'라는 질문은 질책하는 질문이다. "왜 숙제안했니?", "왜 결혼 안하는 거야?", "왜 이렇게 카드 값이 많이 나온 거야?" 등의 질문을 받았을 때의 기분을 생각해 보자. 잘못을 추궁 받는 느낌이 들면서 더 이상 대화를 나누고 싶지 않을 것이다. 이처럼 잘잘못을 따지고 상대를 탓하기보다는 "어떻게 하면 조금 일찍 출근할 수 있을까?"처럼 '어떻게'를 묻는 질문을 해보자. 직원은 미안한 감정을 가지고 출근시간을 앞당길 수 있는 방법을 고민할 것이다. 연애 하느라 성적이 떨어진 학생에게도 "어떻게 하면 남자친구 혹은 여자친구와 함께 성적을 올릴 수 있을까?", "어떻게 하면 네가 원하는 대학생활이 가능할까?"와 같은 질문을 할 수 있다. 이처럼 '왜' 보다는 '어떻게'에 대해 물을 때 상대의 기분은 건드리지 않으면서 해답에 가까워질 수 있다.

'어떻게' 질문이 긍정적인 느낌을 주는 이유는 과거를 말하기보다 미래를 생각하게 만드는 질문이기 때문이다. 과거에 대한 질문에 비해 미래에 대한 질문은 대답하기에 부담이 적을 뿐 아니라 훨씬 발전적이다. 면접을 준비하는 친구에게 "너의 어떤 장점을 보여주면 좋을까?", "어떻게 하면 면접관들에게 호감을 줄 수 있을까?"와 같은 질문을 한다고 생각해보자. 친구는 질문에 대한 답을 찾으며 면접 준비에 긍정적인 에너지를 얻을 수 있을 것이다. 그러나 면접을 이미 끝낸 친구에게 "면접장에서 무슨 장점을 보여줬는데?", "그런 답변이 면접관들에게 호감을 줬을까?"라고 묻는 것은 친구의 마음을 무겁게 만들 뿐이다. 이처럼 과거지향적인 질문보다는 미래지향적인 질문을 던질 때 상대의 마음을 열고 변화를 이끌어낼 수 있다.

대답하기 쉬운 질문 VS 부담스러운 질문

어려운 질문만 골라하는 교수님의 수업시간. 아마 대부분의 사람들은 교수님의 눈을 피할 수 있는 자리를 찾을 것이다. 뿐만 아니라 수업을 듣는 동안에도 고개를 숙이고 되도록 눈을 맞추지 않기 위해 노력할 것이다. 많은 사람들의 눈길을 받고, 제대로 된 답변을 하지 못하고, 창피를 당하는 일은 피하고 싶기 때문이다. 일상생활에서도 마찬가지다. 사람들은 일반적으로 대답하기 쉬운 질문을 좋아한다. 답변이 곤란하거나 마음을 무겁게 하는 질문은 좋은 질문이 아니다.

한창 결혼 준비로 바쁜 때였다. 그 시기 사람들을 만나면 대부분 결혼 준비에 대한 이야기를 나눴다. 어느 날, 함께 일을 하며 알게 된 분이 이런 질문을 던졌다. "집은 자가야 전세야?, 그 동네는 얼마 정도해?" 난감했다. 대답이 내키지는 않았지만 받은 질문을 무시할 수 없어 억지로 대답을 했다. 관계가 충분히 무르익지 않은 상태에서 지나치게 사적인 질문은 상대를 불편하게 만든다. 더구나 경제적인 문제, 결혼이나 출산, 가족 관계에 대한 질문은 각자의 사정에 따라 큰 실례가 될 수 있기 때문에 더욱 조심해야 한다.

이렇게 부담을 줄 수 있는 질문을 할 때에는 조금 더 포괄적인 질문을 먼저 던질 것을 권한다. '자가야 전세야?'는 둘 중 하나 선택해야 하는 질문이고, '그 동네는 얼마 정도해?'는 어쩔 수 없이 집값을 답해야 하는 질문이다. 답을 강요하는 질문인 것이다. 그러나 "요즘 집구하기 힘들던데, 어땠어?" 하고 포괄적인 질문을 하면, 질문을 받은 사람이 대답하고 싶은 범위를 설정할 수 있기 때문에 부담이 덜하다. 상대는 자신이 노출하고 싶은 만큼의 답변을 할 것이다. "그냥 뭐, 적당한 곳으로 구했어요."하며 더 이상 이야기하고 싶지 않은 제스처를 취할 수도 있고, 어느 정도의 자금으로 어디가 좋을지 조언을 구할 수도 있고, 마음에 드는 집을 계약해 자랑을 할 수도 있을 것이다. 이처럼 사적인 질문을 할 때에는 답변을 한정 짓는 폐쇄형 질문보다 답하는 사람이 주도권을 가질 수 있는 개방형 질문을 활용할 것을 권한다. 더불어 상대의 언어적, 비언어적 반응을 살피며 상대가 좋아하는 주제에 대해 이야기하기를 바란다.

또 다른 부담스러운 질문 중 하나는 자신의 가치관을 강요하는 질문이다. 상대가 걱정된다는 이유로 건네는 질문들, 예를 들어 "아무리 그래도 대학은 가야 하는 거 아니야?", "나이가 몇인데, 회사를 그만두면 어떡해?", "지금은 젊어서 그렇지, 아이를 안 가지면 어떡해?" 등의 질문은 상대를 불편하게 만들 수 있다. 조언은 상대가 받아들일 준비가 되었을 때 효과가 있는 법이다. 이런 질문들은 오히려 상대가 입을 닫고 마음을 닫게 만드는 역효과를 낼 가능성이 높다.

이럴 때에는 자신의 가치관을 주입시키려 하기 보다는 상대가 생각하지 못한 부분을 들여다 볼 수 있게 질문을 해보자. "취업 대신 대학에 가면 좋은 점은 뭐가 있을까?", "회사를 그만 두었을 때 생기는 문제는 없을까?", "10년 후에는 아이에 대한 생각이 어떨 것 같아?"처럼 반대 상황을 생각해 볼 수 있는 기회만 주면 충분하다. 질문을 받는 사람의 입장에서 한 번만 생각해보자. 상대가 쉽게 입을 뗄 수 있는 질문인지 고려한다면 훨씬 더 나은 질문을 할 수 있을 것이다.

언변이 없다면
질문의 기술부터 익혀라

아이들과 함께하면 지루할 틈이 없다. "저건 뭐야?", "왜 그런 거야?" 수없이 많은 질문을 쏟아내기 때문이다. 아이들은 궁금한 것도 많고, 흡수력도 좋다. 표현이 서툴고 발음은 어눌하지만, 그런 아이들과 대화할 때에는 누구나 수다쟁이가 된다. 참 놀라운 일이다. 대부분의 사람들은 더 나은 대화를 위해서는 더 많이, 더 멋지게 이야기해야 한다고 생각한다. 하지만 언변이 좋은 사람이라고 해서 좋은 대화를 하는 것은 아니다. 회식자리에서 자신의 소싯적 이야기를 풀어놓는 부장님이나 늘 자신의 이야기에만 열을 올리는 친구, 관심 없는 이야기를 디테일하게 풀어놓는 영업사원까지 말로 우리를 힘들게 하는 사람들은 너무나 많다.

언변이 없다고 대화에 주눅들 필요는 없다. 대화는 혼자 하는 것이 아니고, 상대와 나누는 것이기 때문이다. 호기심 가득한 눈으로 질문을 던지는 아이들처럼 상대에 대한 관심을 토대로 질문을 던져라. 내가 물으면 상대는 답한다. 우리는 질문을 통해 대화할 수 있고, 질문을 통해 가까워질 수 있다.

학창시절, 나는 그리 언변이 좋은 편이 아니었다. 별 것 아닌 에피소드도 생생하고 재미나게 이야기하며 주변 사람들을 빵빵 터뜨리는 친구들, 어디서나 분위기를 주도하는 친구들을 보면 부러운 마음이 들곤 했다. 그나마 또래 친구들을 대할 때에는 괜찮았다. 그런데 대학교에 입학하니 나보다 나이가 한참 많은 선배들을 대해야 할 상황들이 생겼다. 내 이야기에는 관심도 없을 것 같은, 나와는 공통점이 전혀 없을 것 같은 선배들과의 대화는 쉽지 않았다. 함께 하는 식사 자리가 너무나 어색해 뛰쳐나가고 싶을 때도 있었다.

그 때 대화를 풀어나갈 수 있도록 도와준 것은 바로 질문이었다. 특히 선배들에게는 조언을 구하는 질문을 많이 했다. 대학생활을 잘 하는 방법이나 인간관계에 대한 고민, 취업 준비의 비결, 학교의 각종 프로그램들은 어떤 장단점이 있는지를 물었다. 나보다 먼저 비슷한 고민을 하며 같은 길을 걸어간 선배들은 내 질문들에 성심성의껏 답변해주었다. 질문을 통해 자연스러운 대화 분위기를 만들 수 있었고, 선배들과 좋은 관계를 만드는 동시에 궁금한 부분들에 대한 훌륭한 조언도 얻을 수 있었다. 이 때의 경험을 통해, 대화를 잘 하기 위해서는 뛰어난 언변보다도 좋은 질문을 하는 힘이 필요하다는 사실을 알게 되었다. 그렇다면 처음 만나는 사람에게 어떤 질문을 던지면 효과적일까.

시내버스를 타고 가다가 이상형을 만났다고 생각해보자. 오늘 말을 걸지 않으면 평생을 두고두고 후회할 것 같다. 당신은 그 또는 그녀에게

다가가 가장 먼저 어떤 말을 건넬 것인가.

어떤 사람은 "정말 아름다우십니다. 전화번호를 알 수 있을까요?"하고 직접적으로 묻는다. 상대도 나와 같은 마음이라면 번호를 건네주겠지만, 쉽지 않은 일이다. 이것은 마치 보험 영업사원이 다짜고짜 다가와 "이 계약서에 사인해 주시겠어요?"하고 묻는 것과 같다. 대부분의 사람들은 이런 질문에 부담을 느낄 것이다.

혹자는 버스라는 상황을 활용해 "어디까지 가세요?"라고 묻는다. 입장을 바꿔 생각해보자. 생전 처음 보는 사람이 내가 어디까지 가는지를 궁금해 한다면, 그 질문에 답을 해 주겠는가. 상대에 대한 정보가 전혀 없는 상태에서 나에 대한 정보를 노출하는 것은 쉽지 않은 일이다. 이런 질문을 받은 상대는 아마 '내가 왜 너한테 그걸 알려줘야 해' 하고 생각할 것이다.

그렇다면 이 질문은 어떠한가. "이 버스, 목동역 쪽으로 가나요?" 이 질문을 받았을 때 당신을 이상하게 쳐다보는 사람은 아마 아무도 없을 것이다. 물론 이 질문 이후에 마음의 거리를 좁힐 수 있는 또 다른 말들이 필요하겠지만, 먼저 상대의 입을 열게 만든 것만으로도 절반의 성공이라 할 수 있다.

이처럼 대화를 시작하는 상황에서는 욕심을 내려놓아야 한다. 먼저 상대가 입을 떼게 만드는 것이 당신이 건네는 첫 번째 질문의 목적이다. 본론으로 바로 들어가는 질문, 상대가 자신의 정보를 노출해야 하는 질문은 대화 상대를 부담스럽게 만든다. 일단 부담 없이 대답할 수 있는 아주 쉬운 질문을 던져야 한다. 이러한 질문을 위해서는 나와 상대가 공통으로 처해있는 현재의 상황을 활용하면 좋다. 앞의 상황에서는 버스라는 공간을 활용해 "이 버스, 목동역 쪽으로 가나요?"라는 질문을 던졌다. 이와 마찬가지로 "밖에 날씨가 엄청 덥죠?"라는 질문으로 고객을 맞는다든가 "여기 언덕 올라오기 힘들었죠?"라는 질문으로 후배와 대화를 시작할 수 있다. "뭐 타고 오셨나요? 얼마나 걸리셨어요?", "여기 분위기 괜찮죠? 커피 맛도 좋아요." 등의 질문도 활용할 수 있다. 이렇게 대화의 첫마디는 아주 가벼운 질문으로 상대가 쉽게 입을 열 수 있게 만들어야 한다.

가벼운 이야기를 주고받았다면, 상대의 기분이 좋아지게 만드는 칭찬을 하나 건네 보자. 아주 사소한 것이어도 좋다. 생기 있어 보이는 표정, 얼굴이 환해 보이는 색상의 넥타이, 잘 어울리는 헤어스타일 등 상대를 빛나게 만드는 한 가지를 찾아 칭찬해보자. 열심히 꾸미고 나간 날, "피곤해 보이세요.", "어디 아프세요?"라는 이야기를 들으면 기분이 어떠한가. 그보다는 "파란 셔츠가 잘 어울리시네요.", "목소리가 참 좋아요." 등의 작은 칭찬을 하나 받으며 시작하는 대화가 훨씬 즐거울 것이다.

이 때 칭찬을 더욱 칭찬답게 만드는 비법이 바로 질문이다. "고객님, 사무실이 정말 분위기 있네요. 직접 인테리어를 하신 건가요?", "어쩜 이렇게 화려한 옷도 잘 어울리세요? 평소에 옷에 관심이 많으신가요?", "오늘 정말 멋지시네요. 무슨 좋은 일 있으세요?"처럼 칭찬 뒤에 질문을 붙여보자. 칭찬의 맛도 살리면서 자연스럽게 대화도 이어나갈 수 있을 것이다.

이와 같은 칭찬과 질문의 조합은 대화를 시작하는 좋은 동력이 된다. 강의를 마친 후에 종종 교육생들과 대화를 나누게 되는 경우가 있다. 이 때 "목소리가 참 좋으셔서 강의 내용이 귀에 쏙쏙 들어왔어요. 원래부터 목소리가 좋으셨던 건가요? 저는 허스키한 목소리가 콤플렉스에요.", "강의 내용이 정말 큰 도움이 됐습니다. 혹시 참고해서 공부할만한 책이 있을까요? 계속 말에 대한 공부를 해 나가고 싶어요." 등 칭찬과 질문을 함께 건네 오는 분들이 있다. 한 마디 짧은 말이지만 그 말은 나에게 엄청난 에너지를 준다. 그리고 그 질문에 최선을 다해 도움이 되는 답을 드리고 싶다.

조금 투박해도 괜찮고 어설퍼도 좋다. 당신 앞에 있는 상대는 오늘 어떤 부분이 빛나 보이는가. 그 부분을 칭찬하고 질문을 더해보자. 당신의 한 마디가 대화의 에너지를 한 층 더 높여줄 것이다.

이렇게 기분 좋게 대화를 시작하면 대화를 풀어가는 일이 보다 수월해진다. 문제는 내가 관심 없거나 모르는 주제에 대해 이야기를 나누는 경우다. 하지만 이 때에도 질문만 제대로 활용한다면 자연스럽게 대화를 이어갈 수 있다. 상대가 반려견에 대한 이야기를 시작했다고 가정해보자. 나는 반려견을 키워 본 적도 없고, 반려견에 대해 아는 것도 없다. 그렇다고 해서 반려견에 대한 대화를 나눌 수 없는 것은 아니다.

먼저 앞서 이야기했던 '육하원칙 질문'을 활용할 수 있다. "언제부터 강아지를 키우신 거에요?", "어떤 종류의 강아지에요? 사진 한 번 보여주세요!" 등의 질문을 할 수 있을 것이다. 그러나 이러한 '육하원칙 질문'은 정보수집 단계에서 유용할 뿐 만능열쇠는 아니다. 더욱 깊이 있는 대화, 즐거운 대화를 위해서는 상대의 감정을 묻는 질문을 해야 한다.

우리가 일상적인 대화를 나누는 이유는 서로의 감정을 나누기 위해서다. 야근을 하느라 고생한 나의 짜증나는 감정을 공유하고, 좋아하는 연예인을 우연히 만난 즐거운 감정을 공유하기 위한 것이다. 이러한 대화의 목적을 생각한다면 내가 잘 모르는 주제에 대한 대화도 원활하게 풀어나갈 수 있다. 예를 들어 "강아지 애교 덕분에 외로울 틈이 없으시겠어요. 좋으시죠?", "강아지가 참 예쁘게 생겨서 데리고 다니면 다들 쳐다보겠어요. 어떤가요?", "아파트에서 강아지와 함께 생활하려면 정신 없지 않으세요?" 등 반려견을 키우는 상대의 감정에 집중해 질문을 꺼내보자.

더불어 내 관심 밖의 이야기라 하더라도 제 3자를 끌어와 공감대를 형성할 수도 있다. "저희 집은 아버지가 정말 강아지를 키우고 싶어 하시거든요. 처음에 가족들의 반대는 없었나요?", "친구 이야기를 들어보니까 강아지가 아이들 정서에 정말 좋다고 하더라고요. 키워보니 어떠세요?", "TV에서 반려견 훈련하는 걸 봤거든요. 강아지들도 사람하고 똑같더라고요. 재미있는 행동 같은 건 없나요?"처럼 주변 사람들의 이야기를 통해 질문을 이어가는 방법도 있다.

이처럼 비록 내가 잘 모르는 소재로 대화를 나누더라도 상대에 대한 관심만 있다면 우리는 얼마든지 질문을 던질 수 있다. 이러한 질문을 통해 상대에 대한 관심사를 파악할 수 있음은 물론이고, 내가 모르는 세계에 대한 이해도 높여갈 수 있다. 상대와 가까워지고 싶다면, 자신의 세계를 더욱 확장해 나가고 싶다면 그저 질문하면 된다.

처음 만난 상대, 어색한 분위기, 낯선 대화 주제……. 누구나 피하고 싶은 어려운 상황이다. 게다가 언변이 없는 사람이라면 이 상황이 더욱 괴롭게 느껴질 것이다. 그러나 우리가 대화에 실패하는 진짜 이유는 '언변이 부족해서'가 아니라 '질문이 부족해서'다. '어떤 이야기를 할까'라는 고민은 나 자신을 대화의 중심에 두는 것이다. 대화의 달인들은 그보다 '어떤 질문을 던질까'를 고민하며 상대를 대화의 주인공으로 만든다. 낯선 사람과의 대화를 피할 수 없다면 즐길 수 있는 방법을 찾아보자. 어설픈 유머를 익히고 관심 없는 잡학을 공부하는 대신 질문의 기술을 익혀보길 권한다. 잘 준비된 질문 하나가 분위기를 살리고 관계를 살릴 것이다.

설득의 8할은 질문이다

옷가게에 들어간 당신. 점원이 던지는 첫마디만으로 우리는 그가 판매의 고수인지 하수인지를 구분할 수 있다.

의욕이 넘치는 초보 점원들은 다짜고짜 다가와 이 옷 저 옷을 권한다. 그의 열정은 높이 사겠으나 권해주는 옷들이 하나같이 내 스타일이 아니다. 처음에는 몇 번 시선을 주다가 반복되는 그의 권유에 부담을 느끼고 "다음에 올게요!"를 외치며 가게를 나오게 된다. 이처럼 판매의 초보자들은 계속해서 설명을 한다. 그가 보기에 예쁘고 좋은 것들을 끊임없이 소개한다.

반면 노련한 세일즈맨들은 질문을 효과적으로 활용한다. "고객님, 오늘 입으신 원피스 정말 잘 어울리세요. 평소에 이런 스타일을 즐겨 입으시나요?", "일하실 때 입으시려고요?", "차분한 색상을 좋아하세요?" 처럼 여러 가지 질문을 던지며 힌트를 캐치한다. 그리고 나의 직업과 좋아하는 옷 스타일, 잘 어울리는 컬러 등에 꼭 맞는 의상을 추천한다.

이처럼 상대를 설득하기 위해서는 먼저 질문해야 한다. 질문을 통해 상대가 원하는 것이 무엇인지, 무엇을 좋아하고 싫어하는지 알아야 제대로 된 설득이 가능해진다. 진정한 설득은 상대를 중심에 둘 때 가능하기 때문이다. 1965년 노벨 물리학상을 수상한 리처드 파인만의 사례는 우리에게 효과적인 설득이 무엇인지를 알려준다.

아인슈타인과 함께 20세기 최고의 물리학자로 꼽히는 리처드 파인만은 오직 연구와 강의밖에 모르는 사람이었다. 처음에 그는 노벨 물리학상 수상을 거부했다고 한다. 수상을 위해 미국에서 스웨덴까지 가기가 번거롭다는 것이 그 이유였다. 당신이 만약 그의 아내라면 어떤 말로 남편을 설득할 것인가? 노벨상의 가치를 설명하며 그를 움직이려 한다면 당신은 설득의 하수다. 그에게는 노벨상의 가치보다 스웨덴으로 가는 귀찮음이 더 크게 느껴지기 때문이다. 어떤 이는 함께 여행을 가자고 부탁할 수도 있고, 어떤 이는 상을 거부하면 이혼하겠다며 협박할 수도 있다.

그러나 그의 아내는 좀 더 현명했다. 그녀는 먼저 남편의 노벨상 거부 이유를 물었다. 그리고 수상이 귀찮다는 그의 답변에 "당신이 상을 받든 안 받든 그건 당신 자유에요. 하지만 당신이 그 상을 거부하면 노벨상을 거부한 최초의 사람이라고 전 세계 기자들이 당신을 귀찮게 할 걸요?"라고 말했다. 그녀의 이 말에 리처드 파인만은 노벨상을 수상하기로 결심한다.

그녀가 남편의 마음을 움직일 수 있었던 것은 상대의 이야기를 귀 기울여 들었고 남편의 입장에서 생각하고 말했기 때문이었다. 연구에 몰두하느라 다른 일들은 귀찮아하는 남편의 입장에서 상황을 바라보니 해답이 나온 것이다. 모든 설득의 상황이 마찬가지다. 상대가 왜 그런 행동을 하는지, 정말 원하는 것이 무엇인지 물어야 한다. 그래야 상대의 진짜 니즈(needs)를 파악할 수 있고, 여기에서 진정한 설득이 시작된다. 그러나 우리는 누군가를 설득하려 할 때 듣기보다는 말하기에 치중하는 경향이 있다. 내 방식대로, 내 생각대로 상대를 움직이려고 하는 것이다. 만약 설득 상황에서 질문을 활용한다면, 다음과 같은 긍정적인 효과를 얻을 수 있다.

첫 번째로, 질문은 상대를 존중하는 느낌을 준다.

아리스토텔레스는 설득에 있어 가장 중요한 요소로 에토스(ethos)를 꼽았다. 에토스는 메시지를 전달하는 화자를 얼마나 신뢰할 수 있느냐의 문제다. 메시지가 아무리 논리적이고 감성적이라 하더라도 이를 전하는 화자를 믿을 수 없다면 설득력이 떨어진다는 것이다. 일례로 양치기 소년은 평소에 습관적으로 거짓말을 하던 사람이었기 때문에 '늑대가 나타났다'는 그의 말을 아무도 믿지 않았다. 즉 우리가 누군가를 설득하려 한다면, 무엇보다 상대에게 믿을만한 사람이 되는 것이 중요하다. 그런데 질문은 강요나 지시보다 상대를 존중하는 느낌을 주기 때문에 나의 말에 설득력을 더하는 데 도움을 준다.

예를 들어, 명문대에 다니던 자녀가 어느 날 갑자기 휴학을 선언했다고 하자. 만약 당신이 부모라면 자녀에게 어떤 말을 하겠는가? 대부분의 부모들은 잘 다니던 학교를 왜 갑자기 휴학하느냐고 다그치거나 일단 졸업은 하고 다른 일을 시도 해보라고 강요할 것이다. '내가 너보다 오래 살아봐서 아는데……'라는 말도 빠지지 않을 것이다. 그렇다면 이런 말들에 자녀는 어떻게 반응할까? 아마도 엄마, 아빠는 아무 것도 모른다며 날을 세울 것이고, 대화는 완전한 대립 상태로 마무리 될 것이다. 부모의 말과는 반대로 어느 날 휴학 신청을 하고 들어올 수도 있고, 학교를 다닌다 하더라도 휴학 생각만 하며 무의미한 시간을 보낼 수도 있다. 무엇보다 부모님을 '나의 말에 무조건 반대하는 존재'로 생각하며 부모·자녀 관계의 신뢰가 깨질 우려가 있다.

이와 같은 상황에서 배우 최민수의 아내 강주은씨는 아주 멋진 대화법을 보여주었다. 그녀는 휴학을 하겠다는 아들의 말에 "이미 결정했어?"라고 물었다. 아들이 자신의 의견을 들을 준비가 되어있음을 확인한 후에는 휴학을 하고 무엇을 하고 싶은지, 언제부터 휴학을 생각했는지, 연기에 관심을 갖게 된 계기는 무엇인지, 앞으로 어떤 계획을 가지고 있는지 등을 질문하고 적극적으로 들었다. 그녀는 단 한 번도 아들의 말을 끊거나 자신의 생각을 강요하지 않았다. '아들의 결정을 존중한다'고 말했고 '자신이 들어갈 틈을 줘서 고맙다'고 표현했다. 둘의 대화를 보면서 엄마와 아들 사이의 단단한 신뢰를 느낄 수 있었다. 어떤 것이든 이야기하고 의논할 수 있다는 신뢰감, 부모가 나의 생각을 존중한다는 신뢰감은 '속상하겠지만, 엄마가 허락 안 해주면 휴학 안 한다'라는 아들의 말에서 그대로 드러났다.

이처럼 질문은 상대를 존중한다는 느낌을 주며, 둘 사이의 신뢰를 쌓고, 설득력을 높이는 데 도움을 준다. 내 마음대로 컨트롤 할 수 있는 사람은 아무도 없다. 때문에 나와 생각이 다른 사람에게 내 생각을 아무리 열심히 표현한다고 해도 그것은 설득이 아닌 강요가 된다. 자신의 생각을 강요하는 메시지는 타인의 귀와 마음을 닫게 만든다. 이제는 설명하려 하지 말고 질문을 해보자. 상대의 이야기를 듣고 수용할 준비가 되었다는 제스처를 취하는 것만으로도 상대의 마음은 한 뼘 더 열릴 것이다. 그것이 진정한 설득의 시작이다.

두 번째로, 질문에는 상대를 스스로 움직이게 만드는 힘이 있다.

오랜만에 만난 지인의 강요로 고가의 화장품 세트를 구매했다고 가정해보자. 지인이 자꾸 이야기 하니까 사긴 샀는데 영 마음이 찜찜하다. 가격도 마음에 걸리고, 구성도 마음에 안 들고, 신뢰할 수 있는 브랜드인지도 모르겠다. 결국 밤새 고민 끝에 지인에게 전화를 걸어 이야기한다. "정말 미안한데, 이거 반품하려고."

위의 상황처럼 누군가의 강요로 인해 어쩔 수 없이 선택을 했다가 마음을 바꾼 경험, 한번 쯤 있을 것이다. 이처럼 강요로 인한 설득은 태도 혹은 행동의 일시적인 변화를 가져올 수는 있지만 그 변화를 지속시키지는 못한다. 이러한 '가짜 설득'에는 깨달음의 과정이 없기 때문이다. 그런데 대다수의 사람들은 누군가를 설득할 때, 진짜 설득보다는 가짜 설득의 방법을 활용한다. 상대에게 묻고 답하며 깨달음을 주는 진짜 설득보다 강요나 지시를 활용하는 가짜 설득이 쉽고 빠르기 때문이다.

이처럼 효과가 일시적인 가짜 설득의 사례는 우리 주변에서 쉽게 찾아볼 수 있다. 부모가 '공부하라'고 아무리 잔소리를 한다고 해도 자녀는 열심히 공부하지 않는다. 부모 앞에서 공부하는 척을 할 수는 있겠지만, 스스로 공부의 중요성을 느끼지 않는 이상 정말 공부에 집중하기는 쉽지 않다. 마찬가지로 아내가 '담배 좀 끊어라'라고 이야기해도 남편은 이런저런 핑계를 대며 흡연을 계속한다. 왜 금연을 해야 하는지 스스로 동기부여가 되지 않는 이상 아내의 말은 듣기 싫은 잔소리가 될 뿐이다. 이처럼 변화를 강요하는 가짜 설득은 아무런 의미가 없다. 나의 말에 설득력을 더하기 위해서는 나의 말을 멈추고 질문하는 습관을 들여야 한다.

위대한 리더들은 질문이 가지는 설득의 힘을 알고 이를 활용했다. 카를로스 곤은 '당신이 닛산에 공헌할 수 있는 것은 무엇입니까?'라는 질문으로 닛산 자동차의 재건을 이뤄냈고, 노무라 가쓰야는 "어떤 투수 혹은 타자가 되고 싶은가?"라는 질문을 던지며 무기력한 선수들을 동기부여 시켰다. 누군가를 가르치거나 강압적인 지시를 하는 대신, 질문으로 상대를 일깨우기 위해 노력한 것이다. 이러한 질문은 사람들을 생각하게 만들었고 스스로를 움직이게 만들었다. 그리고 강요된 설득과는 비교도 안 될 정도로 좋은 성과들을 만들어냈다.

모든 조직의 리더들은 능동적으로 일하는 직원을 원한다고 말한다. 하지만 그들은 반대로 강압적인 지시를 통해 조직원을 수동적으로 만들고 있다. '이거 해라 저거 해라', '까라면 까라'는 식의 리더십으로는 절대 조직 구성원들을 움직일 수 없다. 왜 해야 하는지도 모르는 일을 하면서 즐겁게, 열심히 일할 수 있는 사람이 어디 있겠는가. 그렇기 때문에 목표를 설정하고 문제를 해결하는 과정에서 구성원들의 의견을 물어야 한다. "이번 프로젝트는 어떤 의미가 있을까?", "목표 달성을 위해 우리는 무엇을 할 수 있을까?", "이번 일이 당신에게 어떤 도움을 줄까?", "현재 진행되는 일에서 문제는 없을까?" 등의 질문을 던지면 그들은 보다 적극적으로 업무에 뛰어들 것이다. 질문에는 생각하게 하고, 깨닫게 하고, 마침내 움직이게 하는 힘이 있기 때문이다. 이러한 질문이 "열심히 좀 하지.", "의견 좀 많이 내 보지."라는 명령조의 이야기보다 사람들을 끌어가는 데 훨씬 더 큰 힘을 발휘할 것이다.

데일카네기는 '인간은 자존심 덩어리다. 그래서 남의 말을 따르기는 싫어하지만 자신이 결정한 것에는 기꺼이 따른다. 그러므로 남을 움직이려면 명령하지 마라. 스스로 생각하게 하라'고 말했다. 학창시절 방 청소를 하려고 마음먹고 있을 때 '방 정리 좀 하라'는 어머니의 이야기를 들으면 묘한 반발심이 들곤 했을 것이다. 이처럼 명령과 강요는 하려고 마음먹었던 일도 놓아버리게 만드는 법이다. 누군가를 설득하고 싶을 때에는 언제나 이 원칙을 기억하길 바란다. 스스로 생각해야 진짜 설득이 가능하다는 것을. 그리고 스스로 생각하게 만들기 위해서는 아낌없이 질문을 던져야 한다는 것을. 설득의 8할은 질문이다.

청중의 마음을 사로잡는 질문력

처음 강의를 시작했을 때, 종종 '나 혼자 떠드는 기분'에 상처 받곤 했다. 몇날며칠 동안 고민하며 열심히 준비한 강의인데 좀 더 많은 사람들이 집중해서 들었으면 하는 마음이었다. 그 때 내가 강의를 개선하기 위해 선택한 방법 중 하나는 유명 강사들의 강의를 분석하는 것이었다. 나와 별로 다른 이야기를 하는 것 같지 않고, 특별한 비법이 숨어있는 강의도 아닌 것 같은데 사람들이 왜 그들의 이야기에 열광하는지 궁금했다. 처음부터 끝까지 강사에게 집중하게 만드는 힘, 함께 울고 웃고 호흡하게 만드는 힘, 강의 후에도 오래도록 여운을 남기는 힘. 나도 그런 힘을 가지고 싶었다. 그리고 수많은 강의를 분석하며 유명 강사들의 공통점을 발견할 수 있었다. 그들이 청중의 마음을 사로잡는 비결은 바로 질문이었다.

그들은 강의를 시작하는 순간부터 질문을 던졌다. 대화를 하듯 안부를 묻기도 했고, 강의 주제와 관련된 질문을 하기도 했고, 생뚱맞은 질문을 던지는 것 같은데 그 질문이 신기하게 강의 내용과 연관되기도 했다. 뿐만 아니라 때로는 청중 전체를 향해 질문을 던졌고, 어떨 때에는 한 사람을 지목해 묻기도 하고, 가끔씩은 혼자 묻고 혼자 답하기도 했다. 그렇게 적재적소에 질문을 활용하니 청중들은 질문에 대한 답을 찾으며 자연스럽게 강의에 참여하고 있었다. 물으면 대답하고, 질문하면 함께하게 되는 것. 그 규칙이 강의나 발표 같은 퍼블릭 스피치에서도 통한다는 것이 신기했다.

그 이후로 나는 강의 중간 중간 청중에게 질문을 던지기 시작했고, 질문과 답변을 주고받으며 강의 분위기가 한결 부드러워짐을 느꼈다. 청중의 집중도와 참여도가 좋아지면서 강의 만족도 역시 높아졌다. 그러나 '발표 시 질문을 활용하라'고 말해도 어떻게 해야 할지 몰라 난감해하는 사람들이 많다. 그래서 이번 장에서는 혼자 말 하는 것 같은 외로운 발표에서 벗어나고 싶은 분들을 위해, 발표 시 활용할 수 있는 질문법을 소개하려 한다.

먼저, 발표에서 활용할 수 있는 질문의 방법에는 크게 두 가지가 있다.

첫 번째는 '청중의 참여를 유도하는 질문'이다. 질문에 집중하며 아래 예문을 읽어보자.

"여러분, 발표 전에 긴장감을 느끼는 분들 한 번 손들어 볼까요? (거수) 그렇죠. 대부분 손을 들어 주셨습니다. 그럼 제일 앞에 앉아계신 분, 발표를 하려고 하면 어떤 증상들이 나타나시나요? (답변) 네, 호흡이 빨라지고 온몸에 식은땀이 나는 이런 증상. 아마 많은 분들이 겪어 보셨을 겁니다. 우리나라 직장인들 중 몇 퍼센트가 이런 발표 불안감을 느낄

까요? 맞춰 보시죠. (답변) 한 취업 포털 사이트의 설문조사 결과를 보니까요. 98%의 직장인들이 발표불안을 겪는다고 합니다."

위의 질문을 받은 순간, 사람들은 대답을 하거나 손을 들어 의사를 표현해야 한다. 이런 질문들은 청중의 직접적인 참여를 요구하는 것으로, 이를 활용하면 청중과의 거리감을 좁히며 발표 분위기를 한결 부드럽게 만들 수 있다.

그러나 발표의 성격에 따라 청중의 직접적인 참여를 요구하는 질문을 던지기 어려운 때가 있다. 또 한정된 시간 안에 발표를 해야 하는 상황에서 매번 청중의 반응을 얻기란 사실상 불가능하다. 이럴 때 활용할 수 있는 질문이 바로 '청중을 생각하게 하는 질문'이다. 위의 질문과 비교하며 아래 예문을 읽어보자.

"여러분, 발표 전에 어떤 느낌을 받으시나요? 대부분 긴장되고 두근대는 느낌을 받으실 겁니다. 어떤 분들은 호흡이 빨라지고 온몸에 식은 땀이 나기도 할 거에요. 이런 발표 불안감이 과연 소수의 사람들만이 겪는 문제일까요? 아닙니다. 한 취업 포털 사이트의 설문조사 결과를 보니까요. 98%의 직장인들이 발표불안을 겪는다고 합니다."

여기에서 나온 질문들은 청중에게 구체적인 답변을 요구하지 않는다. 발표자 자신이 묻고 답하는 자문자답 형식을 취하고 있다. 이 질문은 주의 환기를 위한 수사적인 목적으로 쓰이는 때문에 '수사적 질문(rhetorical question)'이라 불리기도 한다. 이러한 질문에 청중은 입을 열어 대답하지는 않지만 머릿속으로 생각하고 답을 찾게 된다. 때문에 발표자 혼자 이야기를 이어가는 것 보다는 청중의 집중과 참여도가 훨씬 높아진다.

앞선 두 가지 질문방식을 적절히 선택해 활용한다면, 청중과 함께 하는 발표가 가능해질 것이다. 그렇다면 어떻게 질문 할 때 청중이 좀 더 편안하고 적극적으로 답변할 수 있을까?

첫째, 구체적으로 질문하자.

앞에 서 있는 연사가 나에게 다가와 다짜고짜 "행복이란 뭘까요?"라는 질문을 던진다고 생각해보자. 어떤 답을 해야 좋을지 몰라 당황스러울 것이다. 이러한 추상적인 질문은 대답하기 막연하고 어렵게 느껴진다. 때문에 청중이 대답하기 쉽게 만들기 위해서는 질문의 범위를 좁히고, 우리의 생활과 연관 지어 구체적으로 물어야 한다.

"최근 '아, 행복하다!' 느꼈던 순간은 언제인가요?"

이 질문은 어떠한가. "행복이란 뭘까요?"라는 질문보다 훨씬 쉽게 와 닿는다. 뿐만 아니라 질문에 앞서 몇 가지 힌트를 건네준다면, 청중은 보다 편안하게 대답할 것이다. 예를 들어 "저는 이럴 때 참 행복하다고 느낍니다. 퇴근 후 친구와 함께 치킨에 맥주를 먹을 때, 시원한 에어컨 바람을 맞으며 좋아하는 드라마를 몰아볼 때…… 여러분은 어떠신가요? 최근 '아, 행복하다!' 느꼈던 순간은 언제인가요?" 이렇게 질문을 한다면, 청중은 앞의 사례를 힌트삼아 자신의 소소한 행복들을 떠올릴 것이다. 그리고 질문에 쉽게 대답할 수 있을 것이다. 청중이 내가 던지는 질문에 당황하고 대답에 긴 시간이 걸린다면, 무엇보다 먼저 '내 질문이 구체적인가'를 점검해보자.

둘째, 머릿속에 그림이 그려지는 질문을 하자.

대부분의 사람들은 글을 읽는 것보다 영상을 보는 것을 좋아한다. 훨씬 더 빨리 몰입되고, 훨씬 더 쉽게 이해되고, 훨씬 더 오랫동안 기억되기 때문이다. 스피치를 잘 하는 이들은 사람들의 이러한 특징을 활용한다. 말로 설명하려고 하기 보다는 머릿속에 그림을 그려주는 스피치를 하는 것이다. 질문을 할 때도 마찬가지다. 머릿속에 구체적인 장면을 그릴 수 있는 질문을 하면 사람들은 보다 쉽게 답변한다.

"가족들과 친하게 지내시나요?"라는 질문을 받았다고 가정해보자. '가족이니까 당연히 친하지.', '이런 걸 왜 물어보는 거야?', '뭐라고 답해야 해?' 등 여러 반응들이 나올 수 있다. 그러나 그림을 그려주는 질문은 다르다.

"마지막으로 온 가족이 모여 식사한 게 언제인가요?"

이런 질문은 머릿속에 모든 가족들이 함께 모여 식사를 하는 장면을 떠올리게 한다. 그리고 다 같이 밥을 먹은 게 언제였는지 생각해보게 만든다. 답변을 하기도 쉽다. "오늘 아침 같이 식사하고 나왔습니다." 라든가 "잘 기억이 나지 않네요. 다들 바쁘다 보니 정말 오래 된 것 같아요."라는 답이 나올 것이다.

머릿속에 그림을 그려주는 질문이 어렵게 느껴진다면, 구체적인 경험이나 장면을 연결 지으면 된다. 예를 들어, "발표불안 있으세요?" 보다는 "중요한 발표를 앞두고 걱정 되어서 잠을 설치신 경험 있으신가요?"가, "자기계발 하시나요?" 보다는 "퇴근 후 일주일에 몇 번이나 나를 위해 책상 앞에 앉으시나요?"가 훨씬 더 상상하기 쉽다. 이러한 질문 습관이 내 발표의 온도를 바꿀 것이다.

셋째, 청중을 쪼개서 질문하자.

대부분의 발표는 초반 3분이 가장 어렵다. 발표를 하는 연사도 청중도 발표 상황이 어색하기 때문이다. 이렇게 경직되어 있는 분위기를 어떻게 풀어주느냐에 따라 발표의 성패가 결정된다고 해도 과언이 아니다. 이 때 질문을 제대로 활용하면, 청중의 마음을 열고 차가운 분위기를 녹일 수 있다. 그런데 문제는 이런 분위기에서 청중이 제대로 반응하지 않는다는 것이다. 용기 내어 질문을 던졌는데 아무 반응 없는 청중의 모습을 상상해보라. 잔뜩 굳어있는 표정과 굳게 닫힌 입을…… 아마 없던 불안감도 생길 것이다.

이렇게 딱딱한 분위기에서 청중의 입을 열게 만들기 위해서는 청중을 쪼개고 질문을 던져야 한다. 예를 들어 "남자와 여자의 관심사는 어떻게 다를까요?"라는 질문에 어색한 침묵을 깨고 대답해줄 용감한 청중은 많지 않다. 하지만 이렇게 질문을 바꿔보면 어떨까?

"남자와 여자는 참 달라요. 남자분들 먼저 대답해 볼까요? 남자분들 모이면 주로 어떤 이야기를 하나요?"

당신의 머릿속에는 남자들이 좋아하는 여러 대화 주제가 떠오를 것이다. 남자들은 자신의 이야기이기 때문에 보다 적극적으로 대답하고, 여자들은 타인의 이야기이기 때문에 보다 부담 없이 대답할 가능성이 높다.

남자와 여자로 나누어 질문을 던진 것처럼, 문과생과 이과생, 신입생과 복학생, 부모와 자녀 등 청중을 쪼개 질문을 건네 보자. 훨씬 더 수월하게 당신이 원하는 답변을 얻을 수 있을 것이다.

넷째, 발표도 대화라는 사실을 기억하며 질문하자.

많은 사람들이 일 대 다수의 커뮤니케이션 상황인 발표는 일 대 일 커뮤니케이션 상황인 대화와 별개로 생각한다. 때문에 평소 대화를 잘하는 사람들도 무대에만 서면 준비한 내용을 일방적으로 전달하곤 한다. 그러나 발표 역시 대화처럼 양방향 소통이 이루어져야 한다. 나 혼자 전달하는 것이 아니라 청중과 함께 주고받는다는 생각으로 해야 좋은 발표를 할 수 있는 것이다. 발표 중 질문을 활용할 때에도 이 점을 반드시 신경 써야 한다.

질문 후에는 답변을 기다리는 것이 대화 시 상대에 대한 예의이다. 마찬가지로 발표 중 질문을 했다면, 잠시 나의 말을 멈추고 청중의 반응을 기다려야 한다. 질문 후 여유를 가지지 않고 바로 본인의 이야기를 이어간다면, '청중을 참여시키고 생각하게 한다'는 질문의 효과를 누릴 수 없다. 때문에 질문 후에는 의도적으로 3초간의 쉼, 즉 포즈(pause)를 두는 습관을 들여야 한다. 청중이 질문에 대해 생각할 여유를 주면서 한 명 한 명 눈을 맞춰보자. 강력한 질문의 효과를 누릴 수 있을 것이다.

이와 더불어 청중의 답변을 존중하는 태도를 갖춰야 한다. 발표자의 말에 열심히 대답해주는 청중은 그 답변이 어떠하든 고마운 존재다. 내가 원하는 방향의 대답이 아니라고 해서, 정답이 아니라고 해서 무시하는 태도를 보이면 안 된다. "그렇게 생각할 수도 있겠네요!", "좋은 의견 감사합니다.", "맞습니다. 그런 경우도 있죠."처럼 청중의 답변을 있는 그대로 인정하고 존중하는 반응을 보이자. 모든 이야기가 수용된다는 분위기가 형성될 때, 청중은 당신의 질문에 보다 더 즐겁게 답할 것이다.

질문 무드를 조성하라

당신은 이번 장을 통해 질문의 중요성을 알게 되었을 것이다. 그리고 앞으로 대화 상황에서 상대에게 지금보다 더 많은 질문을 하기 위해 노력할 것이다. 그렇다면 무작정 질문을 던진다고 모든 대화가 잘 풀릴 것인가? 안타깝지만 그렇지 않다. 효과적으로 질문을 주고받기 위해서는 제대로 된 질문 무드를 조성할 수 있도록 노력해야 한다.

질문 무드란 내가 질문을 했을 때 상대가 부담 없이 대답할 수 있는 분위기, 상대도 적절한 질문을 편안하게 던질 수 있는 분위기를 말한다. 즉 대화가 탁구공을 주고받듯 자연스럽게 흘러가기 위해서는 이 질문 무드를 잘 조성해야 하는 것이다. 연애를 시작할 때, 좋아하는 상대에게 고백하는 상황을 생각해보자. 뜬금없는 상황에서 예상치 못한 타이밍에 고백을 하면 상대는 당황할 것이다. 성공적인 고백을 위해서는 먼저, 충분히 달달한 분위기를 만들어야 한다. 마찬가지로 질문을 주고받는 것이 자연스러운 분위기가 형성되어야 질문의 효과를 100% 발휘할 수 있다. 그렇다면 어떻게 하면 질문 무드를 조성할 수 있을까?

질문에 대한 답변을 기다리고 수용해야한다

질문 무드를 조성하기 위해서는 무엇보다 '질문은 듣기를 위한 과정'임을 기억해야 한다. 물었다면, 상대의 답변을 기다리고 끝까지 경청해야 하는 것이다. 하지만 의외로 질문은 던져놓고 정작 상대가 하는 이야기에는 관심도 없는 사람들이 많다. 질문 후 답을 기다리지 못하고 "내 생각에는 말이야."하고 자신의 이야기를 풀어놓는다든지, 누가 말을 하려 하면 "아니아니, 그게 아니고."하며 말허리를 끊어버리는 사람들이 이에 속한다.

이처럼 조직 내에서 독단적으로 소통하고 의사결정을 내리는 사람들이 많다보니, 최근 퍼실리테이션(facilitation)이 주목 받고 있다. 퍼실리테이션은 모든 구성원들이 온전하게 참여해 문제의 해법을 찾아가는 민주적인 의사결정방식을 말한다. 그런데 이 퍼실리테이션의 핵심은 모두의 의견을 가치 있게 생각하고 수용하는 것이다. 때문에 불완전한 아이디어일지라도 "그게 현실성이 있어요?", "이미 그건 해 봤어요."처럼 부정적으로 반응하지 않는다. 오히려 "그건 어떤 의미인가요?", "좀 더 자세히 말씀해 주시겠어요?"처럼 보다 구체적인 생각을 이끌어낼 수 있도록 돕는다. 이렇게 상대를 있는 그대로 수용한다는 자세가 질문 무드를 형성하는 데 도움을 준다. 어떤 이야기를 해도 괜찮다는 믿음이 생길 때 상대는 진솔한 답변을 풀어놓을 것이다.

더불어 상대가 더욱 즐겁게 이야기할 수 있도록 적극적인 반응을 해주는 것도 좋다. 먼저 입으로 반응할 수 있다. "와, 대단하다.", "음, 그랬군요.", "아, 속상하셨겠네요."처럼 적당한 추임새는 대화의 윤활유 역할을 한다. 상대가 자신의 이야기에 몰입할 수 있도록 도우며 더 깊이 있는 이야기들을 이끌어내는 것이다. 또한 상대의 이야기를 그대로 반복해 말 하거나 바꾸어 말하는 것도 좋은 반응 중 하나라 할 수 있다. "많이 힘들었겠네요.", "정말 좋았겠는데요?"처럼 상대의 감정을 그대로 받아주는 것만으로도 공감대를 형성할 수 있으며, "이런 뜻으로 말씀하신 거죠?", "~라는 이야기죠?" 식으로 상대의 말을 바꾸어 말하면서 의사소통 중에 생기는 오해를 줄여나갈 수 있다.

다음으로 표정으로도 반응할 수 있다. 온전히 눈을 맞추고 상대에게 집중하는 느낌을 주거나 상대의 이야기에 걸맞은 표정으로 공감을 표현하는 것이다. 비언어 커뮤니케이션 전문가들은 거울처럼 상대의 표정을 따라하는 것만으로도 상대의 감정을 더 잘 이해할 수 있으며 상대는 청자에게 친근함을 느끼게 된다고 말한다.

마지막으로 온몸으로 반응할 수도 있다. 상대방 쪽으로 몸을 기울여 집중하고 있음을 보여준다거나 손뼉을 치며 상대의 말에 반응하는 것도 가능하다. 고개를 끄덕이는 단순한 몸짓 역시 '나는 당신의 말을 경청하고 있어요'라는 메시지를 전달할 수 있는 좋은 시그널이다. 청자가 일정한 간격으로 고개를 세 번씩 끄덕이면 화자는 세 배 더 많은 이야기를 쏟아낸다는 연구 결과도 있다.

"말을 배우는 데는 2년이 걸리지만, 경청을 배우는 데는 60년이 걸린다."

제대로 듣는 것이 얼마나 어려운지를 보여주는 공자의 말이다. 실제로 주변에 '말 잘 하는 사람'은 흔하지만 '말 잘 듣는 사람'을 찾는 일은 쉽지 않다. 또한 '말 잘하는 법'을 가르치는 곳은 많아도 '말 잘 듣는 법'을 배우는 곳은 찾아볼 수 없다. 그러나 모든 대화는 말하기와 듣기로 이루어진다. 말하기만으로는 절대 완전한 대화가 이루어질 수 없는 것이다. 말하기와 듣기가 균형을 이룰 수 있도록, 질문을 했다면 일단 입을 다물고 상대의 말을 기다려보자. 그리고 나와 다른 생각일지라도, 조금 부족한 아이디어일지라도 상대의 이야기를 있는 그대로 수용해보자. 이러한 듣기의 과정이 제대로 이루어질 때 대화는 풍성해지고 관계는 깊어질 수 있다.

질문의 내용만큼 질문의 태도도 중요하다

우리는 상대가 이야기를 할 때 내용 자체보다도 목소리의 어조나 표정 등에 훨씬 더 민감하게 반응하며 이를 신뢰한다. 잔뜩 굳은 얼굴과 짜증이 섞인 목소리로 "나 화 안 났어!"라고 외치는 친구를 보면서 화가 안 났다는 그의 말을 신뢰할 사람은 아마 없을 것이다. 때문에 질문을 할 때에도 내용만큼이나 질문을 하는 태도에 신경을 써야 한다.

회사에서 일을 하고 있는 상황을 상상해보자. 아침부터 잔뜩 쌓여 있는 업무를 처리하느라 무척이나 바쁜 하루를 보냈다. 급한 업무들을 마치고 커피 한 잔 하려 사무실을 나서는 당신을 선배가 불러 세운다. "이 자료들, 정리 좀 해서 줄 수 있어? 급한 거여서 되도록 빨리." 분명 부탁인데, 표정이 너무나 당당하다. '빨리 받아. 네가 해야 할 일이야.'라는, '선배 부탁인데 당연히 후배가 들어줘야지.'라는 표정이다. 자료들을 건네받으며 당신은 묘한 분노를 느낄 것이다. 문제는 질문을 하는 선배의 태도에 있다.

미안함 가득한 표정과 말투로 질문했다면, 부탁을 받는 당신의 기분은 전혀 달랐을 것이다. 또한 부탁을 하기 전에 "많이 바쁘지? 부탁 하나 해도 될까?"하고 상대의 동의를 얻는 질문을 더했다면 더욱 좋은 요청이 되었을 것이다.

비슷한 예로 연인과 다툰 후 힘들어하는 당신에게 "그 애와 자꾸 다투는 이유가 뭐라고 생각해?"라는 질문을 던지는 친구가 있다고 하자. 같은 질문이어도 걱정스러운 느낌을 주는 질문이 있는가 하면, 호기심만 가득한 느낌의 질문이 있을 것이다. 이러한 차이는 질문의 태도가 결정한다.

그렇기 때문에 우리는 더 나은 질문 무드를 조성하기 위해 질문을 하는 나의 태도를 점검할 필요가 있다. 상대가 답변하고 싶은 질문, 들어주고 싶은 부탁을 하기 위해서는 질문의 내용뿐만 아니라 질문을 할 때 나의 표정이나 말투에도 신경을 써야 하는 것이다. 이와 더불어 질문을 부드럽게 만드는 마법 문구를 활용하는 것도 질문 태도를 개선하는 데 도움이 된다. 예를 들어 지나가는 사람에게 다짜고짜 길을 묻기 보다는 "죄송하지만 잠깐 길 좀 여쭤볼게요."라는 마법 문구를 넣으면 좋고, "뭐라고?"라는 말로 상대의 말을 되묻기 보다는 "미안, 내가 TV 보느라 못 들었네." 식의 마법 문구를 앞에 붙여주면 좋다. 상대를 향한 작은 배려가 더해지면 같은 질문도 다르게 표현된다는 것을 기억하자.

질문할 수 있는 분위기를 만든다

2010년 G20 서울 정상회담 폐막식에서 오바마 전 대통령은 한국 기자들에게 특별히 우선 질문할 수 있는 기회를 주었다. 그러나 아무도 질문하지 않았고, 질문의 기회는 중국 기자에게 넘어갔다. 질문을 업으로 삼는 기자들이 이렇게 소중한 기회를 그냥 흘려보내는 모습이 의아하기도 하고 안타깝게 느껴졌다. 왜 그들은 아무런 질문도 하지 못했을까? 그건 우리가 제대로 질문하는 법을 배워본 적이 없기 때문이다.

우리는 학창시절 내내 수동적으로 교육을 받아왔다. 학교에서는 선생님 말씀을 잘 듣고 조용히 앉아있는 아이가 모범생이었고, 가정에서는 이것저것 캐묻기보다는 부모의 말에 순종적인 자녀가 착한 아이였다. 이런 분위기 속에서 자유롭게 질문할 수 있는 힘은 키워질 수 없다.

반면, 유대인들은 질문이 소통의 힘, 생각의 힘을 키운다는 것을 너무나 잘 알고 있다. 이들은 자녀가 학교에서 돌아오면 "오늘은 어떤 질문을 했니?"하고 묻는다. 뿐만 아니라 아이가 궁금해 하는 것을 즉시 알려주지 않고, 아이의 질문에 반문하며 아이 스스로 답을 찾을 수 있는 힘을 키워준다. 짝을 지어 질문하고 논쟁하는 공부방식인 하브루타(havruta) 역시 유대인들이 얼마나 질문을 중시하는지를 보여준다. 이처럼 질문의 가치를 아는 유대인들은 노벨상을 휩쓸고, 언론·금융·IT·예술 등 다양한 분야에서 두각을 나타내는 등 전 세계를 무대로 활약하고 있다.

우리도 이제 질문하는 법을 배워야 한다. 일방향적인 소통에서 벗어나 서로 묻고 답하며 스스로 생각할 수 있는 힘을 키워야 한다. 그리고 이를 위해서는 먼저 자유롭게 질문할 수 있는 분위기가 형성되어야 할 것이다. 무조건적인 수용을 가르치고 정답 찾기가 중시되는 분위기 속에서 질문 잘 하는 사람이 나올 수는 없다. 질문을 주고받으며 서로의 생각을 나누는 과정에서 더 좋은 결과물이 나온다는 것을 깨닫고, 자녀가 부모에게, 학생이 교사에게, 후배가 선배에게, 그리고 부하직원이 리더에게 질문하는 것이 자연스러운 사회가 되어야 한다.

혹시 자신이 누군가의 질문을 가로막고 있지는 않은지 되돌아볼 필요가 있다. 아이의 질문을 쓸데없는 것이라 생각하며 무시하지는 않았는지, 부하직원의 질문에 이것도 모르냐며 타박하지는 않았는지…… 편안하게 질문할 수 있는 분위기를 만들어 주려는 노력이 당신을 '함께 대화 하고 싶은 사람'으로 만들어줄 것이다.

이렇게 질문 무드를 조성하는 법까지 익혔으니 이제 하나씩 실천해 볼 차례다. 사람들에게 보다 많은 질문을 던지며 질문의 힘을 키워나가길 바란다. 좋은 질문은 분명 당신에게 더 좋은 관계, 더 좋은 삶을 선물할 것이다.

PART 3

인정받는 스피치 두 번째 비책, 목소리

_ 유동효

☑ 일러두기

본문 중 책에 이해를 돕기 위해 KBS 시보 멘트와 티브로드 뉴스의 일부 내용을 참고했다.

잘생긴 목소리가 스펙이다

멋진 정장을 입은 남성이 하루 일과를 마치고, 멋진 차에 올라탄다. 그리고 도시의 한가운데를 질주하며 그윽한 중저음으로 대사를 읊조린다. "평범한 하루를 보냈다. 이젠 특별해질 시간!" 한 자동차 회사의 광고이다. 남자배우의 중후한 목소리는 고급스러움을 느끼게 하고, 그가 타고 가는 자동차까지 매력적이게 보인다. 이것이 바로 중저음의 잘생긴 목소리가 가져다주는 효과다.

그런데 갑자기 이런 생각이 들었다. 만약 그가 얼굴도 잘생기고 완벽한 체형을 가지고 있는데 높은 톤에 갈라진 목소리로 말을 하고 있다면? 입을 여는 순간 분명 호감도는 떨어졌을 것이다. 아무리 비싼 옷에 고급차를 타고 있어도 고급스러운 이미지는 당연히 갖기 어려웠을 테고. 그렇다면 목소리는 얼마만큼 사람들에게 영향력을 주는 것일까?

미국의 심리학자 매러비안(Albert Mehrabian)은 ≪침묵의 메시지(Silent Messages)≫라는 저서에서 목소리와 표정 등의 비언어적 요소에 대해 흥미 있는 실험을 진행했다.

첫 번째는 메시지를 전달할 때 말의 내용과 목소리 톤(음색) 중에 어느 것이 더 중요할까하는 실험이었다. 그 결과, 말의 내용보다는 목소리 톤이 더 중요하다는 결과가 나왔다. 예를 들어, 상대방에게 인사를 할 때 가라앉은 목소리로 말을 하면 아무리 반갑다는 내용으로 말을 해도 상대방은 '이 사람이 날 별로 반기지 않는구나.'하고 생각한다는 것이었다.

두 번째 실험은 말의 내용과 표정에 관한 것이었다. 그 결과는 어땠을까? 역시나 말의 내용보다는 표정을 통한 의미 전달이 더 중요하다는 결과가 나왔다. 상대방과 얘기할 때 눈을 마주치지 않는다거나, 얼굴 표정이 굳어 있으면 상대방은 '나와 얘기하고 싶지 않구나.'하고 생각한다는 것이다.

위의 실험 결과로 매러비안은 "메시지를 전달할 때 목소리가 38%, 표정 35%, 태도 20% 등 비언어적 요소가 93%이며, 말하는 내용은 겨우 7%의 비중을 차지한다."는 매러비안 법칙을 만들어 냈다.

나 역시 미국 유학생활을 할 때 '매러비안의 법칙'을 경험했다. 아들이 초등학교에 다니고 있었는데 하루는 학교에서 담임선생님과 상담하라는 전화가 왔다. 아이 담임선생님은 '아드님이 대화를 할 때 눈을 마주치지 않는다. 혹시 자폐아가 아니냐?'라고 물어왔다. 눈을 마주치지 않으니 상대방이 대화의 진실성을 느끼지 못하고 심지어 자폐아가 아니냐는 의심까지 받게 되었던 것이다.

한국문화에서 자랐던 아들은 어른이 말씀하실 때 눈을 똑바로 쳐다보는 것은 예의에 어긋난다는 인식이 있어서 담임선생님과 대화할 때 아래를 바라보면서 말했던 것이다. 그런데 그 모습이 미국사회에서는 이상하게 여겨졌던 것이다. 한국의 문화와 아이의 상황을 얘기해서 상담은 잘 끝났지만 스피치에 있어서 비언어적 요소가 얼마나 중요한지 실감하는 계기가 되었다.

미국에서 공부를 하면서 발표할 기회가 많았는데, 완벽하지 않은 나의 영어 실력으로 난 발표 때마다 긴장을 해야만 했다. 첫 번째 발표수업을 아직도 기억한다. '한국 교육과 미국 교육의 차이점'을 설명하는 발표였다. 미국학생들 앞에서 영어로 발표한다는 것을 상상해보라. 내가 하는 영어를 알아듣지 못해서 발표를 끝냈는데도 내용전달이 안된다면 얼마나 곤란한 일인가! 그래서 나는 원고를 철저히 외우고 외워서 내용전달을 분명하게 하는 것에 목표를 삼았다.

드디어 첫 떨리고 떨리던 첫 발표! 발표를 끝내고 나니 내가 무슨 말을 했는지도 기억이 나질 않았다. 아마도 수십 번 연습한 결과, 문장은 틀리지 않고 그럭저럭 내용 전달은 했던 것 같았다. 발표대에서 내려와서 자리에 가서 앉았다. 그리고 담당교수의 입에서 나올 평가 멘트를 긴장된 가운데 기다리고 있었다. 드디어 교수님은 입을 열고 한 마디 했다.

"Your voice is very good! It sounds very comfortable
and I feel great confidence in it. Bravo!"

(당신 목소리가 아주 좋아요. 매우 자신 있으면서 매우 편안하게 말했어요. 훌륭해요.)

그런 다음에 두세 마디에 걸쳐 발표내용에 대해 평가를 받았는데

"understandable and clear(이해가 잘되고 분명하게 전달되었다)"라며 전반적으로 매우 좋은 성적을 받을 수 있었다.

교수님의 평가는 내용보다 목소리의 자신감과 편안함에 대해 말하고 있었다. 그것은 바로 스피치의 인상을 좌우하는 것이 내용보다 비언어적 요소가 중요하다는 것을 알려준다. 만약 내가 수십 번 연습하고 외운 결과 내용은 어느 정도 전달했다 하더라도, 목소리에 자신감이 없고 떨리고 편안함을 주지 않았다면 좋은 점수를 받을 수 있었을까.

스피치에서 비언어적 요소가 93%, 내용이 7%라는 매러비안의 법칙 중에서도 가장 중요하게 여기는 부분이 바로 목소리다. 목소리의 중요성은 38%이고 그 다음으로 표정이 35%를 차지하며 태도가 20%를 차지한다. 그렇기 때문에 잘 나가는 스피치 강사치고 목소리 트레이닝 또는 보이스 트레이닝을 강조하지 않는 사람은 없다. 면접을 앞둔 사람, 회사에서 중요한 PT를 앞 둔 사람, 아나운서나 승무원이 되고자 하는 사람들은 앞 다투어 목소리 트레이닝을 받으면서 자신의 목소리를 가꾸어 간다. 목소리가 주는 신뢰감과 호감을 극대화해서 좋은 결과를 얻기 위해서다.

예전에는 스펙을 중시해서 대학 학점이나 토익 점수, 어학연수, 봉사활동 경력, 워홀 경력 등을 쌓으려고 노력했다. 그때는 면접에서 당락이 결정되는 경우는 거의 없었다. 하지만 시대가 변했다. 스펙이 그 사람의 능력을 결정해주지 못하기 때문에 아예 스펙을 입사원서에 쓰지 않는 회사들도 많아졌다. 그만큼 면접의 중요성이 커졌다. 영어점수나 인턴 경력, 봉사활동 점수 등이 스펙이 아니라 목소리와 자신감이 스펙이 된 세상이 되었다는 것이다. 자신감 없이 말하는데 어떻게 그 사람을 신뢰하여 점수를 잘 줄 수가 있겠는가?

타고는 외모는 어찌할 수 없어도 목소리는 훈련을 통해 잘 생겨질 수 있다는 것을 알아야 한다. 우선 목소리에 자신감을 갖자. 당당하고 자신 있게 자신을 표현하는 스피치와 주눅 들어 작아진 목소리로 하는 스피치는 상대방에게 전달되는 그 깊이가 다를 수밖에 없다. 그리고 바른 호흡, 잘 울리는 공명, 감정을 넣어 전달하는 훈련을 통해서 잘생긴 목소리를 만들어 가자. 그 목소리가 바로 당신의 스펙이 된다.

성악을 배웠을 뿐인데 목소리가 좋아졌네?

"평소에는 그렇지 않은데 발표할 때가 되면 목소리가 떨려요."

"저는 발음이 부정확해서 제가 말하기만 하면 사람들이 웃어요."

"저는 타고난 목소리가 작고 가늘어요. 이런 목소리도 바뀔 수 있나요?"

보이스 코칭을 하면서 위와 같은 고민을 토로하는 사람들을 많이 만날 수 있었다. 결론부터 말하자면 '바뀔 수 있다.' 아니, 정확하게 말하면 '바꿀 수 있다.' 누구에게나 호감 가는 목소리를 갖고 싶은가? 면접에 붙는 목소리, PT에서 통하는 목소리를 갖고 싶은가? 그렇다면 우선 마음자세부터 다듬어보자. 목소리는 '누군가에 의해서 바뀐다.'는 수동적인 생각이 아니라 '내가 스스로 바꾼다.'는 능동적인 마음자세를 가져야 한다.

위에서 상담한 경우를 들면, 발표할 때 목소리가 떨리는 경우는 복식호흡의 원리를 바로 알면 안정되고 편안한 목소리로 바꿀 수 있다. 부정확한 발음은 '소리가 만들어지는 원리(조음원리)의 이해'를 통해서 바꿀 수 있다. 그리고 작고 가는 목소리 역시 '바람이 드나드는 호흡법의 원리'와 '공명'을 이해하고 적용하면 바꿀 수 있다.

나는 미국에서 성악을 공부하면서 목소리를 갈고 닦는 법을 알게 되었다. 그리고 어느 날, "어? 성악을 공부했을 뿐인데 일상대화의 목소리가 좋아졌네?" 라는 깨달음을 갖게 되었다. 성악 공부를 통해 가진 소리보다 더 좋은 목소리를 개발하게 된 것이다.

영어교육과 석사공부를 하던 미국유학시절 성악이 너무나 하고 싶어서 음악대학원 원장실의 문을 무작정 노크했다. 합창 수업 한 과목을 청강할 수 있느냐고 물어보았더니 학과장님이 노래를 불러 보라고 했다. 한 소절을 불렀는데 노래가 다 끝나기도 전에 학과장님의 오케이 사인이 떨어졌다.

"Your voice is very pleasant to hear. If you were a piano, you would be a Steinway (세계에서 제일 좋은 피아노)."

(자네 목소리가 훌륭하네. 피아노로 치자면, 스타인웨이일세.)

그러면서 교양과목으로 성악을 직접 지도해 주셨다. 성악의 기초도 없는 학생이 단지 목소리가 좋다는 가능성만 가지고 수업을 들을 수 있었던 것이다. 하지만 이때까지만 해도 목소리의 원리는 제대로 이해하지는 못한 상태였다.

교양과목으로 성악을 배운 지 한 학기가 지나자 교수님은 오페라 오디션이 있으니 나가보라고 추천을 해 주셨다. 이제 겨우 한 학기동안 취미로 배운 실력에 뽑히리라 생각하지는 않았지만 좋은 경험을 한다는 생각으로 오디션에 참여했다. 10명의 오페라 출연자를 뽑는데 100여명의 전공자들이 모였다. 다들 성악과를 몇 년간 공부하고 있거나 졸업한 쟁쟁한 실력자들이었다.

결과를 말하면 10명을 뽑는 가운데 2등의 성적을 거두어 오페라 공연을 할 수 있었다. 고작 한 학기밖에 안 배운 실력으로 어떻게 뽑힐 수 있었을까? 오페라 공연 연습을 하면서 심사위원에게 물어보았다. 그러자 그 역시 비슷한 말을 했다.

"We can help you with your techniques. You might not be polished yet, but you were born with the voice of diamond."

(실력은 우리가 길러주면 된다. 너는 실력은 아직 좀 부족해도 타고난 목소리가 다이아몬드다.)

그러면서 성공적인 오페라 공연을 위해 한 달간 합숙훈련을 하며 집중적으로 성악 레슨을 받게 되었는데 나는 그 과정을 통해서 목소리가 만들어지는 원리를 알게 되었다. 그리고 어느 순간, 일상대화에서도 성악 발성으로 말하게 되어 호감 가는 목소리를 갖게 되었다.

성악을 배우면 목소리는 어떻게 만들어지게 되는지, 좋은 목소리를 내려면 어떻게 해야 하는지에 대해 공부하게 되고 노래를 배우는 과정을 통해 자연스럽게 좋은 목소리를 갖게 되는 것이다.

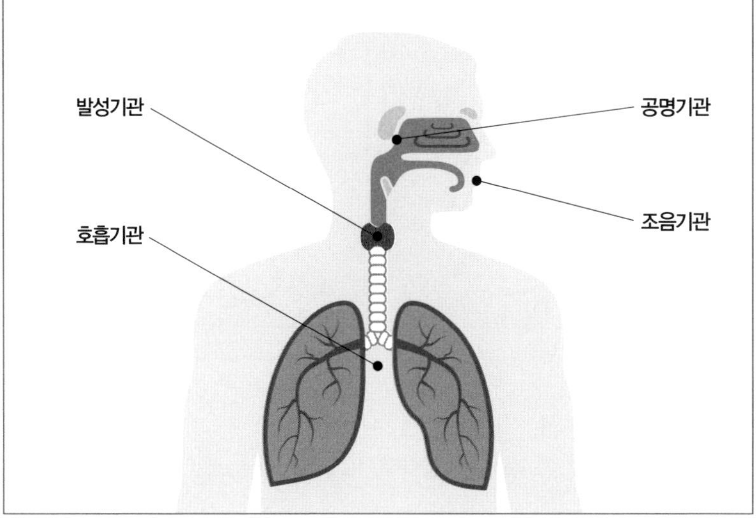

목소리는 호흡기관, 발성 기관, 공명 기관, 조음기관이라는 4가지 기관을 통해서 만들어진다. 호흡기관을 통해서 숨을 발성 기관으로 보내게 되고, 발성 기관에서 성대의 울림을 거쳐서 공명 기관을 지나 조음기관에서 발음이 만들어져서 사람들의 귀에 들리게 된다. 이 때, 허스키한 소리가 나는 것은 발성 기관인 성대가 원활하게 붙지 않아서 소리가 새기 때문이다. 다른 경우는 무리하게 소리를 내는 습관 때문에 성대가 상처를 입어서 허스키한 소리가 나기도 한다. 현재 라디오 방송을 진행하는 박경림이 허스키한 목소리를 가진 대표적인 연예인이다.

말할 때마다 안정되지 않고 소리가 떨리는 이유는 호흡기관에서 횡경막을 통한 소리의 유지를 제대로 해주지 못해서 호흡이 뜬 상태로 말하기 때문이다. 이 경우는 복식호흡과 횡경막 훈련을 통해서 떨리지 않는 안정된 소리를 가질 수 있다.

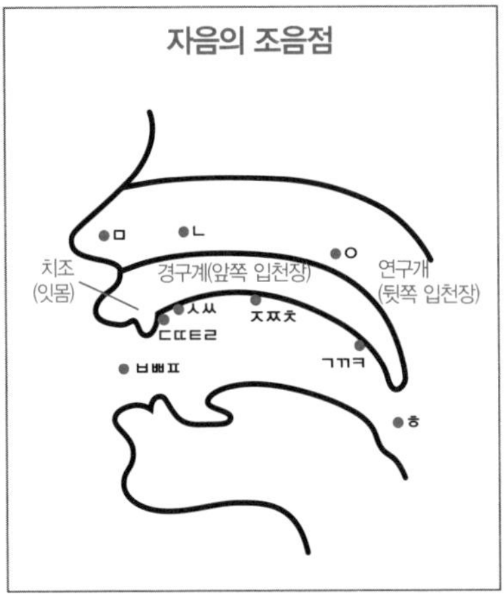

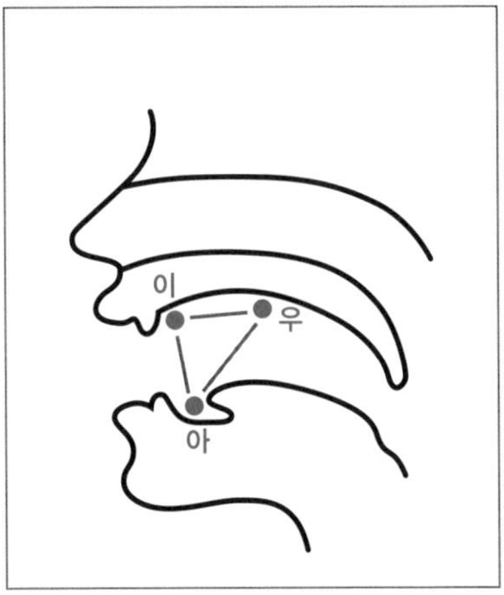

발음이 부정확한 경우는 성악을 배우게 되면 정말 많이 고칠 수 있다. 호흡기관에서 나온 호흡이 발성 기관과 공명 기관을 거치면서 최종적으로 조음기관에 도달하게 된다. 이 때 호흡이 입 안의 어디에 부딪치느냐와 혀의 위치, 입술의 움직임 정도, 입을 벌리는 정도 등이 복합적으로 작용하여 소리가 만들어지게 된다.

목소리는 타고난다. 하지만 타고난 목소리도 노력 여하에 따라 얼마든지 달라질 수 있다. 앞에서 예를 든 박경림은 라디오 방송을 진행하기에는 부족한 목소리라고 할 수 있다. 허스키한 거친 목소리는 예전 같으면 절대 방송 진행자가 될 수 없었다. 하지만 그녀는 예쁜 목소리를 타고나지는 않았지만 현재 훌륭하게 라디오 진행을 하고 있다. 방송초기의 거센 목소리가 최근에는 많이 다듬어져서 처음처럼 거칠게 소리 내지 않는다. 타고난 목소리는 허스키하지만 그래도 듣기에 불편한 거센 소리가 나지 않도록 소리 내는 법을 연습해서 말하기 때문이다.

이렇듯 자신의 목소리를 잘 파악해서 보이스 코칭을 통해 단점을 고쳐 나간다면 누구나 호감가고 안정감 있는 목소리를 가질 수 있다. '나는 내 목소리를 잘생긴 목소리로 꼭 바꾸겠다.'는 마음을 갖고 아름다운 목소리를 가꾸어가자. 노래하듯이 들려지는 아름다운 목소리의 스피치를 누가 싫어하겠는가?

공기 반, 소리 반 스피치 할 때도?

K-POP STAR라는 프로그램이 있다. 신인 가수를 발굴해서 한국적 팝음악 가수로 만들어주는 신인가수 등용문 같은 프로그램이다. 여기에 심사위원으로 참여한 박진영은 많은 참가들에게 의미심장한 심사평을 해주기로 유명하다. 그 중에 박진영이 말해서 유명해진 말이 있다.

‘공기 반 소리 반’이 적절히 조화된 소리가 좋은 소리라고 할 수 있죠.”

한동안 이 말이 유행하면서 과연 어떻게 노래 부르는 것이 ‘공기 반 소리 반’의 상태가 되는지 많은 이들이 궁금하게 생각했다. 한 마디로 말해서 ‘공기 반 소리 반’이란 ‘자연스러운 호흡과 자연스러운 소리가’ 반반 정도 적당히 실려 있는 ‘소리’를 말한다.

얼핏 생각하기에는 ‘가수의 생명은 좋은 목소리’라고 말할 수 있다. 예전에는 ‘꾀꼬리 같은 목소리’, ‘은쟁반에 옥구슬 굴러가는 목소리’, ‘감미로운 목소리’ 등으로 가수의 좋은 목소리를 표현했다. 하지만 좋은 목소리의 조건은 단순히 성대를 울려서 나는 목소리만을 의미하지는 않는다. 사람의 목소리는 성대의 진동으로 생겨나는 것인데, 거기에는 안정된 호흡의 제공이 절대적으로 필요하다. 그래서 우리는 '호흡이 실린 목소리'를 좋은 소리로 생각하고, 좋은 호흡을 싣기 위해 스피치에서 가장 처음에 배우게 되는 것이 '바른 호흡법'이다.

성악을 공부하면서 호흡을 제일 먼저 배우게 된다. 바른 호흡으로 노래하면 편안하면서도 볼륨감 있는 목소리를 가질 수 있게 된다. 미국에서 오페라를 많이 불렀는데 대개 오페라는 큰 무대에서 공연한다. 그런데 마이크를 쓰지 않는 큰 무대에서 목소리가 전달되려면 당연히 크고 잘 울리는 목소리가 필요했다. 그래서 호흡을 많이 써서 노래하는 것은 기본이었다. 호흡을 잘 써서 노래하다보니 당연히 목소리도 크게 가질 수 있었다.

미국에서 돌아와서 한국에서 노래를 녹음할 때였다. 당시 병원을 다니면서 환자들을 위해 노래하는 봉사활동을 하고 있었는데 내 노래를 녹음해서 병실에서 듣게 해 드리면 좋겠다는 생각으로 녹음을 하게 되었던 것이다. 녹음실에서 처음 노래를 하면서 한 곡을 불렀는데 마이크 너머로 녹음 프로듀서의 목소리가 들렸다.

"잠깐만요. 오페라를 부르실 건가요? 환자를 위해 부르실 건가요?"

"환자를 위해 녹음하고 있습니다."

"그렇다면 소리의 전부를 사용해서 노래하지 말고 공기도 절반을 섞어서 부드럽게 부르세요."

녹음실에서의 이 경험을 통해서 목소리를 조절하는 것에 대한 개념을 갖게 되었다. 목소리가 좋다고 해서 가진 소리 전부를 써서 노래하기보다는 호흡 반, 공기 반으로 소리 내게 되면 부르는 사람도 편하고 듣는 사람도 좋다는 것이다.

노래나 스피치에 관심이 있는 사람이라면 '복식 호흡'이란 말을 들어본 적이 있을 것이다. 가슴으로 숨을 마시면 어깨가 올라가게 되고 숨을 깊이 들이쉴 수가 없으니 배로 숨을 쉬라는 말도 들어본 적이 있을 것이다. 실제로 복식 호흡으로 숨을 쉬면 오랫동안 호흡을 유지할 수 있고 스피치의 목소리도 떨리지 않고 안정적으로 유지할 수 있다.

성악을 공부하고 스피치를 배우면서 여러 사람에게서 호흡법을 배웠다. 하지만 성악가임에도 불구하고 호흡 방법을 가르칠 때와 실제로 노래할 때 바른 호흡을 구사하는 것과는 차이가 있는 사람이 많았다. 어느 한 스피치 강사는 복식호흡에 대해 이렇게 설명하는 것도 들었다. "흉식호흡으로 호흡하면 숨이 길지 않고 짧아져요. 배를 불룩 내밀어서 복식호흡을 하세요."

하지만 이 말부터 틀렸다. 복식호흡은 배를 내밀어서 호흡을 많이 들이마셔서 숨을 길게 하는 것이 아니다. 호흡이 들어가면서 횡경막을 팽창시키게 되고 그 결과 배가 나오게 되는 것이다. 그리고 배만 나와서는 바른 호흡이 될 수 없다. 배와 더불어 옆구리, 허리 뒷부분도 동시에 팽창이 되어야 한다.

복식호흡을 쉽게 느끼는 좋은 방법은 누운 자세로 연습하는 것이다. 갓난아기는 태어날 때 누구나 복식호흡을 한다. 아이가 누워서 자는 모습을 보라. 언제나 배꼽부분이 불룩하게 나오면서 숨을 쉰다. 네 발로 기어 다니는 짐승은 모두 자연스럽게 복식호흡을 한다. 하지만 두 발로 직립하는 동물만이 유일하게 흉식호흡을 한다. 그래서 복식호흡 훈련을 할 때에는 누운 자세가 효과적이다.

온 몸에 힘을 빼고 편안하게 누워서 엄지손가락을 배꼽 위에 올려놓고 나머지 네 손가락과 손바닥은 배꼽 아래쪽에 자연스럽게 올려놓는다. 이제 풍선을 분다고 상상해보자. 풍선을 불면 부풀어 오르게 된다. 마찬가지로 숨을 들이마시면 배꼽 주위 부분이 팽창되게 된다. 반대로 숨을 내쉬면 풍선이 수축되듯이 배꼽 주위 부분도 내려가게 된다.

복식호흡의 원리를 익혔다면 이제 의자에 앉자. 천천히 숨을 들이마시고 5초간 멈춘다. 그런 다음 천천히 5초간 숨을 내쉰다. 다시 숨을 들이마시고 5초간 멈춘 후 천천히 10초간 숨을 내쉰다. 이제부터는 입으로 아주 작은 바람을 최대한 오랫동안 내보낸다. 처음에는 20초를 유지하기도 어려웠지만 복식호흡 연습을 거듭한 결과 30초, 40초로 호흡이 점점 늘어나더니 나중에는 1분도 넘게 호흡을 유지할 수 있었다.

다음으로 스피치에서 호흡을 길게 훈련하는 방법을 한 가지만 소개해본다. 먼저 아래의 문장을 소리 내어 말해 보라.

정성을 다하는 국민의 방송 KBS가 잠시 후 정오를 알려드립니다.

어떤가? 짧아 보이는 이 문장도 처음에는 중간에 숨 쉬지 않고 정확한 발음으로 한 번에 말하기가 힘들 수 있다. 설령 한 번에 말했다 하더라도 발음을 틀리거나 숨이 고르지 않을 수 있다. 그래서 처음에는 짧게 끊어서 연습을 한다.

정성을 다하는 / 국민의 방송 KBS가 / 잠시 후 / 정오를 알려드립니다.

10번의 연습 후에 발음도 틀리지 않고, 호흡도 흔들리지 않아야 한다. 나는 연습을 할 때 항상 녹음을 해서 내 발음을 체크하고 호흡이 흔들리지 않는지 점검한다. 요즘에는 스마트폰을 세워놓고 동영상을 녹화한다. 그러면 입모양과 자세까지 정확하게 체크할 수 있는 장점이 있다. 이제 문장 짧게 말하기가 잘되면 다음 단계로 넘어간다.

정성을 다하는 국민의 방송 KBS가 /잠시 후 정오를 알려드립니다.

이렇게 문장을 잘라서 연습을 하다가 잘되면 한 문장 전체를 말해보자.

'정성을 다하는 국민의 방송 KBS'가 잠시 후 정오를 알려드립니다.

어떤가? 자기도 모르는 사이에 호흡이 길어지고 안정되게 말할 수 있을 것이다.

다음에는 뉴스 멘트로 연습을 해보자.

오늘 전국 대부분 지역에 폭염 특보가 발효 된 가운데 서울의 한 낮기온이 34도까지 오르는 폭염이 예보됐습니다. 기상청에 따르면 북태평양 고기압의 영향으로 전국이 대체로 맑은 가운데 전국 대부분 지역에 폭염특보가 발효 중으로 올여름 최강 폭염을 예보한 상태입니다. 지역별로 아침 최저 기온은 25도를 웃도는 수준이지만 서울의 한낮 기온은 34도를 웃도는 더운 날씨가 예상됩니다.

이 멘트들 역시 처음에는 발음을 틀리지 않고 한 호흡으로 한 번에 말하기가 상당히 어려울 것이다. 그래서 끊어 읽기부터 시작하자.

오늘 전국 대부분 지역에 / 폭염 특보가 발효 된 가운데 / 서울의 한낮 기온이 34도까지 오르는 / 폭염이 예보됐습니다.

기상청에 따르면 / 북태평양 고기압의 영향으로 / 전국이 대체로 맑은 가운데 / 전국 대부분 지역에 / 폭염특보가 발효 중으로 / 올여름 최강 폭염을 / 예보한 상태입니다.

지역별로 아침 최저 기온은 / 25도를 웃도는 수준이지만 / 서울의 한낮 기온은 / 34도를 웃도는 / 더운 날씨가 예상됩니다.

5번 정도의 연습을 하면서 잘 발음하게 되면 좀 더 긴 호흡으로 문장을 말해보자.

'오늘 전국 대부분 지역'에 폭염 특보가 발효 된 가운데 / 서울의 한낮 기온이 34도까지 오르는 폭염이 예보됐습니다.

기상청에 따르면 / 북태평양 고기압의 영향으로 전국이 대체로 맑은 가운데 / 전국 대부분 지역에 폭염특보가 발효 중으로 올여름 최강 폭염을 예보한 상태입니다.

지역별로 아침 최저 기온은 25도를 웃도는 수준이지만 / 서울의 한낮 기온은 34도를 웃도는 더운 날씨가 예상됩니다.

좋은 목소리란 단순히 성대를 울려서 나는 것이 다가 아니다. 성대의 진동으로 생겨나는 목소리에 안정된 호흡이 뒷받침된 소리가 안정된 소리다. 그래서 호흡이 실린 목소리를 갖기 위해 호흡법을 이해하고 복식호흡을 사용한 스피치 훈련을 하는 것이다. 스타강사의 인정받는 보이스의 출발점은 호흡법에 있음을 명심하자.

마스께라로 울림 있는 목소리 만들기

"마스께라로 노래해!"

성악을 처음 배울 때 교수님으로부터 듣던 말이다. 그 때 나는 '마스께라'라는 단어를 처음 들어봐서 '마스께라가 뭐야?'라고 속으로 물어보았다. '마스께라'란 '마스크'의 이탈리아어다. 오페라의 유령이라는 뮤지컬을 보면 주인공이 마스크를 쓰고 나와서 노래를 한다. 바로 이 마스크를 쓸 때 얼굴에 닿는 부분을 울려서 노래하는 것을 "마스께라로 노래한다."라고 말한다.

사람의 얼굴은 얼굴뼈 위에 피부가 덮어져 있다. 그리고 피부 때문에 눈에 보이지는 않지만 얼굴뼈에는 구멍이 많이 뚫려 있다. 그리고 얼굴뼈의 내부는 동굴처럼 텅 비어있다. 기타나 첼로를 보면 속 안은 비어있고 4개 또는 6개의 현으로 소리를 내는 것과 같다. 이 비어있는 통에서 소리의 울림이 생겨서 우리 귀에 들리는 것이다. 그것을 우리는 '공명이 잘 된 소리'라고 한다.

악기로 잘 상상이 되지 않으면 텅 비어있는 드럼통을 연상해보라. 드럼통의 겉면을 막대기로 '탕탕' 치면 드럼통 속에서 울림이 생겨서 '텅텅' 하는 큰 소리가 난다. 막대기로 두드린 소리보다 훨씬 더 크게 울리는 것이다. 매년 연말에 치는 보신각 종소리도 그 소리가 크고 울림도 오래 간다.

마스께라를 이용해서 노래하라는 교수님의 말대로 얼굴 앞부분을 울리면서 노래를 했더니 노래 소리의 크기도 커지고 울림도 좋아졌다. 하지만 나는 마스께라로 노래하려고 노력하고 있는데도 교수님은 계속 "마스께라를 더 울려!"라고 요구하셨다. 마스께라로 노래하다보면 양 볼쪽의 광대뼈가 울리는 느낌을 갖게 된다. 이것은 기분 좋은 느낌이다. 그런데 두성을 써서 노래를 하다보면 어지러운 느낌도 갖게 된다. 그래서 어지럽지 않게 하기 위해서 나도 모르게 울림을 적게 주게 되고, 그럴 때마다 교수님은 "마스께라를 더 울려!"라고 지적하셨다. 여러분도 혹시 노래하다가 어지러운 느낌을 가져본 적이 있는가? 어지러운 이유가 여러 가지가 있겠지만 공명을 많이 줘서 어지럽게 느낀다면 제대로 소리 내고 있는 것이다.

소리는 부드러운 면에 부딪힐 때 더 크게 날까 아니면 딱딱한 면에 부딪힐 때 더 크게 날까? 얼굴을 생각해 보자. 손가락으로 뺨을 톡톡 두드려 보라. 그리고 똑같은 세기로 이마를 두드려 보라. 어떤가? 부드러운 뺨을 두드릴 때보다 딱딱한 이마를 두드릴 때 더 큰 소리가 나게 된다. 그래서 같은 크기의 소리라도 울림 없이 내는 것보다는 딱딱한 광대뼈에 부딪혀서 내는 소리가 더 큰 것이다. 그래서 마스께라로 노래하라고 하는 것이다. 그래야 공명도 더 잘되고 듣는 사람에게 더 잘 전달되기 때문이다.

음악뿐만 아니라 스피치에서도 울림이 중요하다. 사람들 중에는 대화할 때 동굴에서 울리는 것처럼 잘 울리는 소리를 가진 사람들이 있다. 이런 경우 우리는 '목소리가 좋다'거나 '듣기 좋다'고 느낀다. 한석규나 이병헌은 목소리 좋은 연예인으로 모두가 인정하는 사람들이다. 왜 이들의 목소리가 좋게 느껴지는 것일까? 여러 가지 이유가 있겠지만 일단 이들의 목소리는 울림이 많다.

사람들은 왜 울리는 목소리를 좋아하는 것일까? 소리는 진동의 전달인데 직선으로 직접 전달되는 진동보다는 원형으로 울려 퍼지면서 전달될 때 파장이 더 커지고 부드럽게 들리게 되어 듣기 좋게 되는 것이다. 생각해보라. 납작하게 모기소리처럼 앵앵 울리는 소리가 듣기 좋을까? 소개팅에 나갔는데 앞에 앉은 사람이 얼굴은 호감형이지만 목소리가 애기 목소리라면 듣는 사람에게 좋은 인상을 줄 수 없을 것이다.

좋은 목소리란 호흡이 급하지 않게 편안하고, 소리의 울림이 좋으며, 발음이 알아듣기 쉽고 정확할 때 보통 '듣기가 좋다'고 말한다. 타고난 목소리로 발음, 발성, 호흡이 잘 맞아 떨어지고 원래부터 타고난 목소리가 좋다면 얼마나 축복받은 것인가? 하지만 비록 타고난 목소리가 비단결 같지 않다 하더라도 실망하지 말자. 당신도 노력하면 좋은 소리를 가질 수 있다.

미국에서 성악을 배울 때, 함께 공부하던 친구 중에 목소리 때문에 고민하던 사람이 있다. 그는 100킬로그램을 나갈 정도로 몸이 커서 성악하기에 아주 좋은 체격을 갖고 있었다. 몸이 크면 울림통도 커서 소리가 잘 울리고 음량도 커지기 때문이다. 그런데 그는 좋지 않은 습관을 갖고 있었는데 바로 목을 눌러서 소리 내는 것이었다. 목을 누르게 되면 복식호흡이 소리로 고스란히 전달되지 못하고 성량이 작아지게 된다. 그는 몸통은 컸지만 목소리는 일반인들보다도 훨씬 작고 힘이 없었다.

목을 눌러서 소리를 내면 금방 쉬게 되고 허스키한 음색을 가질 수도 있다. 심하면 성대에서 혹이 생기는 성대폴립도 걸릴 수 있다. 나는 그 친구를 일단 바닥에 눕게 했다. 그리고 앞 장에서 말한 호흡의 중요성을 알려 주었다. 그 후 호흡과 공명을 연결할 수 있도록 했다. 먼저 양 다리를 45도 정도 들고 양 팔을 뻗어서 아치모양을 그린다. 그러면 등의 일부분만 땅에 닿아 있고 모든 호흡이 배꼽 근처 단전에만 모이게 된다. 그 상태에서 '아~' 소리를 내게 했더니 모든 힘이 단전 근처에 집중되어 있기 때문에 목을 누르는 소리를 내지 않게 되었다.

그 느낌을 간직한 채 일어서게 했다. 그리고 조금 전처럼 단전 근처 배에만 힘을 주고 목에는 힘이 안 가게 '아~' 발성을 하게 했다. 몇 번은 목에 힘이 들어가기도 하고 안 들어 가게도 하더니 결국에는 목을 누리지 않고도 소리 내는 법을 터득하게 되었다.

일단 목에 힘이 들어가지 않으니 가지고 있는 몸통소리가 잘 나게 되었다. 몸통소리란 잘 공명이 잘되어 울리는 소리를 말한다. 그 울림을 몸통에서도 내지만 더 중요한 것은 마스께라에서 내는 것이다. 나는 그 친구에게 얼굴의 울림을 느끼면서 노래하는 법을 가르쳐 주었다. 그 결과 그는 아주 훌륭한 울림을 갖게 되고 오페라에서도 좋은 배역을 맡을 수 있었다.

좋은 울림을 갖는 간단한 공명 소리법을 소개한다.

1. 몸에 힘 빼기

몸에 긴장을 갖고 있으면 소리의 흐름을 방해한다. 그래서 몸의 긴장을 풀고 쓸 데 없는 곳에 힘이 들어가지 않게 해야 한다.

몸에 힘을 빼는 방법을 연습하자. 먼저 허리를 곧게 세우고 정면을 바라보고 선다. 그 상태에서 양 손을 하늘을 향해 쭉 뻗는다. 그리고 3초간 정지한다. 이때 양팔은 가급적 귀에 붙이도록 한다. 그리고 마음속으로 3초를 센 후 팔에 힘을 빼고 한 번에 양 옆으로 툭 떨어뜨린다. 그렇게 하면 자기도 모르게 어깨에 들어가 있던 긴장이 풀리게 된다.

2. '음~~~' 소리 내기

어깨의 긴장을 푼 후 입술을 가볍게 붙이고 '음~~~' 소리를 낸다. 이 때 혀는 치아에 닿지 않도록 한다. 그리고 무리하게 소리 내지 말고 바람 소리처럼 '음~~~~' 하고 길게 소리 낸다. 이 때 어느 부분에 진동이 느껴지는지 확인해 보라. 어떤 사람은 코 부분에, 어떤 사람은 입술 부분에, 혹은 코와 입술 부분에 동시에 진동이 느껴지기도 할 것이다. 코와 입술 부분에 동시에 느껴지는 것이 좋은 공명 발성이다.

3. '음~~~마~~~' 발성하기

보통의 경우 '음~~~' 소리를 낼 때는 공명감을 느낄 수 있으나 다른 소리를 연결하면 금방 공명이 없어지는 경우가 많다. 공명의 느낌을 유지하기 위해 '음~~~' 소리만큼이나 쉬운 발음이 '마~~~' 발음이다.

처음에는 5초간 '음~~~' 소리를 내고 이어서 5초간 '마~~~' 소리를 낸다. 이 때 '음~~~ 마~~~' 발성을 하면서 얼굴 전체에 울리는 공명을 계속해서 느낄 수 있도록 소리낸다.

다음에는 10초간 '음~~~마~~~' 소리를 낸다. 잘되면 5초씩 늘려가면서 최종적으로 30초까지 이어지도록 한다.

4. 공명을 느끼며 문장 말하기

잘되면 문장 연습으로 들어간다.

'음~~~안~~~녕~~~하~~~세~~~요~~~'

'음~~~반~~~갑~~~습~~~니~~~다~~~'

'음~~~감~~~사~~~합~~~니~~~다~~~'

한 두 단어는 공명을 느끼면서 말할 수 있는데 문장이 길어지면 공명의 느낌을 잃어버릴 수 있다. 계속해서 공명을 의식하면서 문장을 말한다. 이 연습이 잘되면 이제는 문장단위로 연습한다.

'음~~~안녕하세요~~~'

'음~~~반갑습니다~~~'

'음~~~감사합니다~~~'

지금까지 잘 울리는 공명소리를 갖기 위 간단한 훈련을 해 보았다. 잘 울리는 소리는 듣는 사람에게 편안함을 주고 귀를 즐겁게 해준다. 스피치에서 편안하고 듣기 좋은 소리를 갖는 것은 좋은 인상을 주기 위해 매우 중요하다. 마스께라로 울림 있는 보이스 만드는 거 결코 어렵지 않다. 울림 있는 목소리를 만들어 분위기 있는 언제 어디서나 대화를 하길 바란다.

뮤지컬 주인공처럼 감정을 넣어 말하기

네가 만약 괴로울 때면 내가 위로해 줄게 네가 만약 서러울 때면 내가 눈물이 되리

어두운 밤 험한 길 걸을 때 내가 내가 내가 너의 등불이 되리

허전하고 쓸쓸할 때 내가 너의 벗 되리라

나는 너의 영원한 형제야 나는 너의 친구야

나는 너의 영원한 노래야 나는 너의 기쁨이야

가수 윤복희의 명곡 '여러분'의 가사다. 윤복희가 노래하는 모습을 보면 그냥 한 곡의 가요를 부르는 것이 아니라 마치 뮤지컬을 하는 것처럼 무대의 이 곳 저 곳을 누비면서 혼신의 힘을 다해 노래한다. 그녀의 얼굴은 벌겋게 상기되고 목에는 힘줄이 불거지고 눈에는 눈물이 흐른다. 그녀의 노래를 듣고 있으면 자기도 모르는 사이에 노래의 가사에 동화되어서 외로움과 서러움에 눈물 흘리기도 하고 형제와 친구를 만난 것처럼 기뻐하기도 한다.

70대에 접어든 그녀의 목소리는 젊은 시절처럼 아름답지 않다. 오랜 세월 노래를 해왔기에 약간의 거친 음성까지도 가지게 되었다. 그럼에도 사람들은 그녀를 디바 윤복희라고 부르기에 주저하지 않는다. 아름다움을 넘어선 깊은 감정의 표현이 그녀의 목소리에 실려 있기 때문이다. 감정을 실어 부르는 노래는 목소리의 아름다움을 넘어선다.

스피치도 역시 혼신의 힘을 다해 노래하듯이 말하며 인기를 끄는 사람이 있다. 그의 강의를 듣다보면 지루한 줄 모른다. 중요한 포인트마다 표정과 음성으로 강조하며 말하기 때문에 중요한 내용이 귀에 쏙쏙 들어온다. 그 덕분일까? 그의 강의는 한국사 1위의 자리를 지키고 있다.

이 사람은 바로 설민석 강사다. 설민석은 한국사 강사로 알려졌지만 대학에서는 연극영화과를 전공했다. 그래서 그의 강의에는 생생한 생동감이 있다. 마치 그 시절의 인물로 돌아간 듯 얼굴이 변하며 열변을 토하는 그 모습을 보면서 지금 역사공부를 하는 것인지 한 편의 드라마를 보는 것인지 구분이 안 갈 때가 있다. 온 몸을 던져서 말할 때 내용이 잘 전달되는 좋은 예다.

방송 초기에 TV 아나운서에게 스피치를 배울 때였다. 대학에서 발표수업에서 늘 좋은 성적을 받았고 목소리가 호감형이라는 말을 늘 듣고 살았기에 별 걱정 없이 과정에 등록을 했다. 지금보다 더 효과적으로 스피치하기 위해서였다. 그런데 첫 번째 수업의 피드백은 내 예상과 달랐다. "목소리도 좋고 내용도 좋은데 2% 부족한 게 있다."

듣기 좋으라고 2% 부족하다고 했지만 사실은 20% 부족했을 것이다. 그가 지적한 내용은 내 프레젠테이션이 너무 딱딱하다는 것이었다. 마치 교장선생님 훈화하듯이 몸을 꼿꼿이 세우고 별 움직임 없이 말만 전달하다보니 듣는 사람이 지루하다는 평가였다. 그렇다. 목소리가 호감형인 것도, 자신감 있는 목소리도 중요하다. 그러나 그런 것들은 스피치의 기본 베이스다. 목소리, 호흡, 공명, 자신감 이런 모든 것들을 기초로 해서 결국 달성해야 하는 것은 내용 전달과 공감이다. 그러기 위해서는 말의 내용 못지않게 바디랭귀지도 중요한 것이다.

그 아나운서는 잘 전달되는 스피치, 공감을 주는 스피치를 위해서 온 몸을 던져서 말하라고 하면서 여러 강사의 동영상을 보여줬는데 TED 영상을 많이 보여줬다. 그리고 다음 시간에 그 중에 한 명을 골라서 따라잡기로 연습해오라고 했다.

TED 영상을 보면서 마음에 드는 한 명을 골랐다. 그리고 그가 하는 대로 손동작도 하고 음성도 똑같이 흉내 내면서 반복해서 연습했다. 그리고 다음 시간에 연습한대로 스피치를 했다. 다행스럽게도 '꼿꼿하게 서서 움직임 없이 말만 하던 지난번 스피치에 비해 동작이 들어가니 훨씬 자연스럽고 집중력도 더 생기게 되었다.'는 평가를 받았다.

스피치 지도를 하면서 내 부자연스러운 모습과 맞닥뜨렸던 때도 있었다. 40대의 대학교수였는데 2년 연속 교수평가에서 학생들이 주는 최하점을 받았다는 것이었다. 그는 미국에서 박사학위도 받고 그 분야에서는 나름 인정받는 학자였다. 연구논문을 쓰는 것은 어렵지 않은데 학생들 앞에서 강의하는 것은 잘되지 않는다며 고민을 가지고 나를 만났다.

그 교수에게 강의하는 대로 해보라고 했다. 그는 인정받는 학자로서의 전문지식을 확신을 가지고 전달하는 듯 보였다. 그러나 그 교수가 갖고 있는 문제점은 첫째, 너무 어려운 단어를 쓰고 있었다. 학생들이 그 과목에 대한 기본 지식을 다 갖고 있다는 전제하에 수업을 진행하니까 구사하는 단어가 어려웠다. 둘째, 말의 높낮이가 없었다. 중요한 말에는 강조를 주고 연결하는 말이나 중요하지 않는 부분에는 힘을 빼줘야 하는데 그의 말은 처음부터 끝까지 똑같은 높이와 톤으로 일관되었다. 셋째, 부동자세로 서서 전혀 움직임 없이 강의를 전달하고 있었다. 내용도 어렵고, 말의 높낮이도 없고, 몸동작도 없이 전달하는 그 강의는 보통의 인내심이 아니고서는 한 학기 내내 집중해서 듣기가 어려울 것이라는 것은 짧은 5분의 시범강의에서도 충분히 느껴졌다.

그를 통해 내 단점도 분명하게 볼 수 있었다. 내가 목소리에 자신이 있었고 내용도 좋다고 생각했듯이, 그 교수도 강의 내용에 자신이 있었고 목소리에 확신이 있었다. 내가 움직임 없이 내용전달을 했듯이 그 역시 바디랭귀지가 없었다. 내가 그보다 그나마 나았던 것은 문장의 높낮이가 있었던 것 뿐 이었다.

나는 일단 강의 내용에 힘을 빼라고 코치했다. 이 정도는 다 알 것이라고 생각하지 말고 이 강의를 처음 듣는 고등학생을 생각하고 쉽게 설명하라고 했다. 그리고 원고를 가져오라고 했다. 원고에 중요한 단어를 빨간색을 칠하고 덜 중요한 단어에는 가위표를 하라고 했다. 음악 용어에 크레센도와 디미누엔도가 있다. 크레센도는 '점점 크게', 디미누엔도는 '점점 여리게'라는 뜻이다. 나는 그 교수에게 강의내용의 한 문장 안에서도 크레센도와 디미누엔도를 적용해서 선을 그리게 했다. 그리고 나서 이제는 한 문단에서 가장 강조되는 문장과 덜 중요한 문장으로 나누게 했다. 이렇게 했더니 스피치에 강조점이 생겨서 내용이해도 훨씬 쉬워지고 듣기도 편해졌다. 마지막으로 굳은 상태로 서 있지 말고 강의실을 돌아다니면서 말하게 했다. 화이트보드 앞에서 좌우로 움직이면서 강의하다가 가까이 있는 학생들과 눈을 마주치게 했다. 그리고 반대편으로 걸어가면서 또 똑같이 눈을 마주치게 했다. 이 정도의 변화만 줘도 그의 강의는 훨씬 생동감이 생기게 되었다. 음악과 스피치는 이렇게 닮은 점이 있다.

MBC 예능 프로그램인 〈전지적 참견시점〉을 보면 이영자가 맛을 표현하는 영상이 인상적이다. 그녀는 똑같은 음식을 먹어도 그 표현법이 남다른 생동감이 있다. 그냥 '맛있다, 끝내준다, 인생 맛집이다.' 라는 식의 평범한 수식어가 아니라 그녀는 손동작과 입 동작을 섞어가면서 맛깔나게 묘사를 한다. "영양이 응축된 황태가 우리 몸의 모든 말초신경을 다 깨워~ 한 입 타~악 먹으면 '아! 그래도 세상은 살만하구나.' 이런 마음이 탁! 느껴진다니까."

어떤가? 이 정도면 맛 표현의 달인이라고 할 수 있지 않을까? 그냥 "황태가 참 맛있어. 잘 먹었어."라고 말하는 것이 아니라 앞뒤에 '영양이 응축된', '말초신경을 깨우는 맛' 등의 세세한 표현을 한다. 그리고 먹고 나서 느껴지는 감정까지도 덧붙인다. 게다가 맛깔나게 맛을 표현하기 위해 그녀는 손동작, 쩝쩝쩝 입맛 다시는 소리, 휘둥그레지는 눈, 흐뭇해하며 커지는 입 등 온 몸을 써서 표현한다.

스피치에서도 마찬가지다. 사실도 중요하지만 감정을 넣어서 말할 때 더 효과적으로 전달이 된다. 그리고 적절한 몸동작은 풍부한 양념이 될 수도 있다. 거기에 강약 조절을 해서 물 흐르듯이 말을 한다면 누구나 공감하는 스피치를 할 수 있다.

스피치 프레젠테이션을 앞두고 있는가? 자신이 뮤지컬 무대에 섰다는 상상을 하라. 그 무대에서 자신이 주인공이라고 생각하라. 모든 조명이 꺼지고 나만을 비추는 스포츠 라이트가 켜졌다. 이제 이 무대를 멋지게 장식할 사람은 다른 누구도 아닌 바로 나다! 지금까지 익힌 모든 테크닉을 다 섞어서 나만의 멋진 공연시간을 장식하라.

노래하듯이 스피치하기

성악발성을 연구하다보니 음악의 원리를 스피치에 적용하여 '칸타빌레 스피치 법'을 개발하게 되었다. 칸타빌레란 '노래'라는 뜻의 라틴에 canto에서 비롯된 말이다. 악곡을 연주할 때 선율이 아름답게 흘러가듯이 서정적으로 노래하라는 뜻이 '칸타빌레'다.

노래를 공부하면 자기도 모르는 사이에 좋은 목소리를 갖게 된다. 보이스 훈련을 오랫동안 받아도 프레젠테이션 할 때와 실제로 말할 때는 소리 내는 법이 다른 사람들을 흔히 본다. 그런데 성악가들 중에는 말할 때와 노래할 때의 목소리가 똑같은 사람들이 많다. 그들은 말하듯이 노래하는 칸타빌레 발성법을 익혔기 때문이다.

내가 길을 가다가 반가운 사람을 만나서 "00씨."하고 부르면 주위의 사람들이 깜짝 놀라며 나를 쳐다보는 경험을 많이 한다. 어떤 이들은 "성우이신가 봐요?"하고 물어보기도 한다. 아마도 울림이 남들보다 많고 공명이 잘 된 목소리로 말하기 때문인 것 같다. 하도 자주 그런 일이 있어서 쑥스러워서 한동안 일부러 공명되지 않은 소리로 말하곤 했다. 그러다가 국립합창단 단원과 이야기하며 이 고민을 토로한 적이 있었다. 그 역시 좋은 목소리를 갖고 있었는데 말할 때마다 사람들이 쳐다본다는 것이었다. 그런데 그는 나와 다르게 반응했다. "저는 사람들이 그렇게 바라보는 것을 즐깁니다."하는 것이다. 그 이후로 '내가 남을 너무 의식했구나,' 생각하며 그 다음부터는 다른 사람들의 반응에 신경 쓰지 않고 칸타빌레로 말하고 있다.

김창옥은 국내 최초의 보이스 컨설턴트다. 그는 대학에서 성악을 전공했다. 그런데 대학 때의 성적은 그다지 좋지 못했다. 그도 그럴 것이 예고를 다니지 않고 공고를 다니다가 대학을 진학해서 동기들보다 성악 공부가 많이 부족했기 때문이다. 그래서 그는 레슨을 받을 때도 연습을 할 때도 늘 긴장하고 살았다. 빨리 실력을 늘려서 동기들과 대등하게 되겠다는 마음 때문이었다. 그러다보니 목소리에 늘 힘이 들어 있었고, 노래가 딱딱했다. 그에게 교수님이 말했다. "너는 꼭 싸우는 것처럼 부르는구나." "군가를 부르지 말고 노래를 해라."

나는 김창옥의 심정을 충분히 이해한다. 나 역시 대학 때 성악을 하고 싶었으나 가정형편상 하지 못했다. 그래서 뒤늦게 레슨을 받을 때면 늘 마음이 조급했고, 빨리빨리 실력을 올려야 한다는 중압감에 시달렸다. 그러면서 내 장점을 두드러지게 보여주기 위해 노력했다. 나는 남들보다 음성이 컸고, 목소리의 울림이 좋았다. 그래서 부족한 실력을 감추고 좋은 부분을 드러내기 위해 자연히 목소리를 크게 노래하는 버릇이 생겼다.

몇 개의 콩쿨에 나가서 좋은 성적을 거두다가 어느 콩쿨에서 만난

심사위원장이 이런 말을 들었다. 나에게 직접 한 말은 아니었지만 그의 이 말은 노래에 대한 내 개념을 바꾸어 놓았다. "노래는 릴렉스, 레가토, 칸타빌레다." 릴렉스란 긴장이 풀어진 편안한 상태를 말한다. 레가토란 음과 음을 이어서 부드럽게 연주하라는 말이다. 칸타빌레란 위에 말한 대로 선율이 아름답게 흘러가듯이 노래하라는 뜻이다.

이 말은 스피치에도 그대로 적용이 된다. 스피치를 잘하겠다는 욕심은 긴장을 불러 오고 경직된 목소리 아니면 떨리는 목소리를 갖게 된다. 긴장이 풀어진 상태로 하는 스피치가 음성의 부드러움을 가능하게 하고 좋은 공명소리를 가능하게 한다. 긴장이 되면 제일 중요한 호흡이 안정될 수가 없기에 릴렉스로 스피치하는 것은 매우 중요하다.

레가토 하지 못하면 목소리가 딱딱해지게 되고 문장을 말할 때 자연스럽게 흐르듯이 스피치 할 수 없다. 노래를 하는데 음과 음을 연결하지 않고 한 음 한 음을 끊어서 노래한다고 생각해보라. 그것은 더 이상 음악이 아니다. 시끄러운 소리일 뿐이다. 마치 스피치 할 때 '나', '는', '행', '복', '합', '니', '다', 라고 한 글자씩 딱딱 끊어서 말하는 사람은 없듯이 레가토로 부드럽게 연결시키면서 말해야 한다. 이렇게 릴렉스한 소리, 레가토한 소리로 노래할 때 비로소 칸타빌레로 선율이 아름답게 흘러가게 되는 것이다.

나는 칸타빌레로 노래하듯이 즐겁게 스피치 하는 법을 개발하고 있다. 앞의 장들에서 이미 이야기했지만 다음의 다섯 가지 항목을 기억한다면 노래처럼 아름다운 목소리를 가지고 명강사가 될 수 있다.

첫째, 어린 아기는 복식호흡의 대가임을 명심하라. 복식호흡이라고 하니까 너무 어렵게 생각한다. 특별한 어떤 호흡비법이 있는 것처럼 생각하지만 어린 아기가 호흡하는 것을 떠올리면서 편안하고 안정된 호흡을 가져라.

둘째, 릴렉스 릴렉스, 긴장하지 말기. 내가 긴장하면 듣는 사람들이 더 빨리 알아차린다. 듣는 사람들이 편안하지 않는 스피치는 성공할 수 없다. 이 사람들은 모두 내 얘기를 들으러 온 것이라는 자신감으로 당당하고도 편안한 스피치를 하라.

셋째, 니가 레퍼야? 안단테로 말하기. 안단테는 '천천히'라는 뜻의 음악용어다. 스피치를 하다보면 긴장하게 되고 자신도 모르게 말을 빨리 하는 경우가 생긴다. 당신은 래퍼가 아니다. 래퍼는 빠르게 리듬을 타면서 가사를 많이 전달해야 하지만 당신의 경우는 빠른 속도가 요구되는 것이 아니다. 당신만의 속도로 충분히 여유를 가지고 차분하게 스피치 하라.

넷째, 레가토 레가토, 연결해서 말하기. 끊어 읽기가 잘되지 않으면 듣는 이에게 불편함을 준다. '아버지가 방에 들어가신다.'가 '아버지 가방에 들어가신다.'가 되는 것처럼 제대로 연결되지 못한 문장은 내용 이해에 지장을 주게 된다. 한 문장 내에서의 끊어 읽기도 중요하지만 문단과 문단이 유기적인 연결도 중요하다. 노래에서 가사 전달이 중요하듯이 자연스럽게 내용이 연결되는 스피치를 하라.

다섯째, 피아노와 포르테로 스피치하기. 이 말은 감정을 살리는 보이스를 뜻한다. 성악의 예를 들어보자. 조수미는 천성적으로 크고 웅장한 소리를 갖지는 못했다. 그래서 세계무대에서 인정받는 성악가가 되기 위해서는 자기만의 장점을 살릴 필요가 있었다. 성악가라면 오페라 무대에서 멋진 연기를 펼치는 것을 누구나 꿈꾼다. 하지만 그녀는 목소리의 크기가 요구되는 오페라와는 어울리지 않았다. 그래서 그녀는 자신의 장점인 곡 해석으로 승부를 걸었다. 마치 가사가 눈에 보이듯이 감정을 살려 노래하는 그녀의 노래를 듣고 세계적인 거장 카라얀이 '백년에 한 번 나올까 말까한 소리'라는 극찬을 하게 되었다.

이 책을 읽는 대부분의 사람은 목소리 좋다는 소리를 한두 번은 들어본 경우가 많을 것이다. 그래서 목소리에 어느 정도 자신이 있고 더 좋게 전문적으로 가꾸고 싶은 생각이 있어서 이 책을 읽고 있을 것이다. 반대로 목소리가 너무 안 좋아서 이 책을 읽을 수도 있다. 성대결절이 난 것처럼 허스키하거나 자신 없이 기어들어가는 목소리 때문에 고민이 되어 그 해결책으로 이 책을 읽을 수도 있다.

목소리가 이미 좋건 아니면 조금 부족하건 스피치에서는 크게 중요하지 않다. 성악을 배우는 학생들도 처음의 출발점에서 차이가 날 수도 있지만 졸업할 때보면 어느 정도의 기본적인 실력은 누구나 다 갖게 된다. 마찬가지로 목소리도 본인이 노력한다면 전문 강사로 활동하기에 부족함이 없을 만큼의 실력은 누구나 갖출 수가 있다. 쉰 목소리의 박경림도, 하이톤의 노홍철도 그다지 좋은 소리는 아니지 않은가? 하지만 그들의 스피치는 청중들로 하여금 깊은 공감대를 불러일으킨다.

PART 4

인정받는 스피치 세 번째 비책, 멘트

_ 이처럼

가난한 고시생 쇼 호스트가 되다

"이야, 우리가 TV홈쇼핑 매출을 찍었어. 역시 이처럼이네. 이처럼 씨 말하는 것 하나는 타고 났어."

갓 개국한 인터넷 방송 쇼핑 호스트로 일하던 때에 초고의 매출을 달성한 적이 있었다. 당시 프로그램을 담당했던 PD님께서는 입이 귀에까지 걸리셨다. 그리고는 내가 말을 잘 하고, 타고 났다면서 칭찬을 하시며 모든 공을 내게 돌리셨다. 회장님께서는 나를 따로 불러 나의 노고를 치하해 주실 정도였다. 인정받는 것에 대한 욕구가 강한 나로서는 잠시나마 어깨가 으쓱했던 순간이었다.

하지만 쇼 호스트로서 인정을 받고, 전성기를 맞았던 나도 사람들이 소위 말하는 흑역사가 없었던 건 아니다. 난 원래 고시를 준비하던 고시생이었기 때문이다. 고시를 준비하는 것이 왜 흑역사 인지 의아한 사람도 있을 것이다. 하지만 전반적인 나의 인생을 돌아 봤을 때 가장 힘들었던 시기였다.

대학만이 인생의 목표였던 나는 진로에 대해 고민할 틈도 없이 성적에 맞춰 법학과를 선택했다. 그리고 법학과 학생이라면 으레 거쳐 가는 고시생이 되었다. 고시생이 된 내 수험생활은 단조로웠다. 공부에만 집중을 하겠다고 집을 떠났고, 휴대폰도 없이 고시원 생활을 시작했다. 새벽 5시 기상, 오전 12시 취침. 내 삶에 학원, 도서관, 식당, 집이 전부였다. 하루에 사람들과 이야기를 나누는 것은 식당 아주머니나 도서관 총무에게 전하는 "안녕하세요.", "감사합니다."이 두 문장 뿐 이었다. 가끔 "아,아"하고 내 목소리가 나오는지 확인해 보기도 했다.

어느 날, 사촌 동생이 응원차 고시원에 방문하였다. 누군가와 얼굴을 마주하고 대화를 하는 게 그렇게 신날 수가 없었다. 그렇게 사촌 동생과 함께 시간을 보내고, 사촌 동생이 가는 길에 나에게 이런 말을 했다. "언니, 나랑 있으면서 혼잣말을 얼마나 많이 했는지 알아? 공부도 좋지만 사람도 만나고, 언니 스스로를 보살폈으면 해."처음엔 사촌 동생의 말이 이해가 안됐다.

그 이후로 나는 나를 관찰하기 시작했고, 무의식적으로 혼잣말을 하고 있는 나를 발견했다. 나도 몰랐던 내 모습에 나는 큰 충격을 받았다. 어느 날, 무심코 거울 속에 있는 나를 봤는데 너무 불쌍해 보였다. 많은 수험생들이 이런 삶을 당연하게 생각하고, 합격 이후의 모습을 그리며 이 시간을 참고 인내할 것이다. 하지만 그 시절, 난 내가 진짜로 고시에 합격하는 것을 원하는지도 의문이었다. 나 자신은 무시하고, 남들이 다 하니까 아무 생각 없이 그 일을 하고 있는 내가 보였다. 갑자기 혼란스러웠다. 제일 중요한 것은 내가 나 자신을 모르고 있었다는 것이다.

일단, 나는 말을 하면서 상대방과 교감을 하면서 에너지를 얻는 사람이란 것을 알았다. 하지만 고시 공부는 그럴 수가 없었다. 혼자 있는 시간이 많고, 그 시간을 견뎌야 하기 때문이다. 물론 그 시간을 견디고 나면 활기 있는 모습으로 살아갈 수도 있겠지만, 그 당시의 나는 점점 나락으로만 빠지는 것 같았다. 그러다 휴식을 위해 본가에서 주말을 보내기로 했다. 오랜만에 집에 와서 가족도 나도 반가움을 감추지 못했다. 저녁을 먹으면서 고시원 월세이야기를 하다가 엄마 통장을 보게 되었다. 아파트 대출금, 고시원 월세, 학원비, 내 생활비. 속상한 마음을 숨기려고 슈퍼를 다녀오겠다고 집을 나섰다. 그때 아빠의 낡은 구두가 눈에 들어왔다. 나랑 나이가 비슷한 저 구두. 내게 쓰는 돈을 아꼈으면 진즉에 저 구두를 바꿨을 텐데. 마음이 아팠다.

이것은 내가 원하던 일이 아니었다. 왜 내가 수험생활을 시작했는지를 돌아보았다. 많은 삶에 순간에서 우리는 당연하게 다른 사람들이 걷는 길을 따라 가게 된다. 그 길이 내가 원하는 길인지의 고민은 없다. 나는 내가 하고 싶은 것, 잘하는 것에 대한 고민 없이 바로 수험생활을 선택했다. 모든 법학과생들이 가는 길이니까. 하지만 나는 모든 법학과생 중 하나가 아니라 나 자신 이처럼이었다. 나는 그날 나의 마음의 소리를 처음으로 마주보았다. 오랜 수험생활로 나는 말 할 기회를 잃었다. 그만큼 나를 표현 할 수 있는 기회도, 위로받고 안식할 기회도 잃었다. 스스로에 대한 자존감과 생기마저 잃어버리고 있었다. 나의 혼잣말은 수험생활에서 잃어가고 있는 나를 붙잡는 수단이었다.

부모님은 내가 고시공부를 포기하는 것을 반대하셨다. 그 날 내 감정을 이미 알고 계셨고 돈은 충분하다며 포기하지 말기를 권유하셨다. 상의 끝에 수험생활은 계속하지만, 고시원 생활을 정리하는 것으로 합의했다. 하지만 나는 집근처 독서실에 간다고 말하고, 아르바이트를 시작했다. 마트에서 청소용품을 시연하고 판매하는 일이었다. 일하기 전 영업과 판매에 대한 좋지 않은 인식도 있었지만, 그런 생각이 있었는지 모르게 일이 너무 재미있었다. 하지만 매출이 너무 나오지 않았다.'열심히 하고 일을 즐기는데 왜 매출이 오르지 않을까?'많은 고민을 했었는데, 그 고민이 무색하게 난 2달 만에 목포 판매량을 초과달성했다. 일급여도 2배가 되고, 그 회사 최초로 인센티브를 받았다.

목포 판매량 초과달성을 한 비결이 뭐냐고? 방법은 쉬웠다. 먼저, 내가 판매하는 제품인, 발로 꾹꾹 돌려서 짜서 쓰는 통돌이 대걸레를 직접 구매했다. 직접 소비자가 되어 제품과 계속 씨름을 했다. 우리 집 거실, 안방, 화장실에서도 써보고 세차도 해보았다. 아파트 복도와 계단에서도 써봤다. 물에 푹 적셔 보기도, 물을 뿌려보기도 마른 것으로 닦아보기도 했다. 다 쓴 대걸레를 건조하는 데는 얼마나 걸리는지, 리필을 교체할 때는 어떻게 해야 편한지를 몸소 겪어봤다. 그간 회사에서 주는 글자로 된 셀링포인트를 가지고 소비자들에게 설명했다. 하지만 이제는 글자가 아닌 내가 겪어 본 나의 스토리가 생겼다. 내가 소비자의 마음이 되어 보았다.

말은 나를 표현하고 나의 자존감을 완성하는 좋은 수단이다. 하지만 그 말의 완성은 상대방이다. 말은 말하는 사람뿐만 아니라 들어주는 사람에게 말의 목적이 닿았을 때 비로소 완성된다. 처음의 나는 사람들과 이야기를 나누는 것만으로도 즐거웠다. 말하는 즐거움을 깨달은 것이다. 그것만으로는 말이 완성되지 않았고, 매출이 나지 않았다. 더 나아가 말을 듣는 이를 고려한 순간, 내 말이 빛을 바랐다. 말이 빛을 내는 것은 내가 상대가 되어보는 것이다. 면접에 붙고 싶다면 내가 면접관이 되어보

자. 판매를 하고 싶다면 내가 구매자가 되어보자. 강의를 하고 싶다면 내가 수강자가 되어보자. 말의 원리, 멘트의 공식을 알게 된 순간. 나는 더 이상 말을 좋아하는 사람에서 더 나아가서 말을 잘하는 사람이 되었다.

영업, 판매, 상담이 아니어도 우리는 말을 하고 살아가야한다. 커피를 주문 할 때도, 가족과 대화할 때도, 업무를 할 때도 우린 말을 한다. 꽉 막힌 상사가 당신의 감정과 상황을 이야기하자 몰랐다 미안하다고 말했을 때. 답답했던 속이 풀리고 편안해진다. 말을 하는 것은 내 생각, 내 감정, 내 자존감을 나타내는 가장 쉽고 좋은 방법이다.

"선생님 말하는 것 너무 어려워요."

"말 잘하고 싶어요."

"말 잘하는 것은 타고나는 것 같아요. 저는 안돼요"

요즘 강의를 다니면서 많은 학생들을 만난다. 학생들이 대부분 하는 말들이다. 그러면 난 이렇게 말해 준다. 말을 잘하고 싶다면, 먼저 말을 사랑하라고. 그리고 당신이 말 할 수 있는 이 순간에 감사하라고. 말 할 수 있는 순간과 사람이 있으니까. 적어도 고시원에서 혼잣말을 하면서 자신을 위로 하지 않아도 되니까 말이다.

말을 사랑하고 말의 원리를 깨닫자 다른 삶이 펼쳐졌다. 나는 가난한 고시생에서 최고 매출의 영업사원, 판매 왕 쇼 호스트, 자산을 관리하는 재무 설계사, 마음을 움직이는 강사가 되었다. 매번 나는 내 마음의 소리를 따라 움직였고, 그 소리를 따라 갈 수 있게 도와준 것은 말의 힘이었다. 그렇게 나는 가난한 고시생에서 쇼 호스트가 되었다.

멘트에도 공식이 있다

‘30일 대출이자 무료’식사 중 케이블 대출광고를 보고 나는 의아한 듯 말했다.

“아니. 저렇게 하면 뭐가 남아요? 30일 대출받고 갚으면 회사는 아무것도 안 남잖아요.”

“그래서 네가 멀었어. 저거는 판매 방식 중에 문턱 걸치기야. 길 가다 보면 점포정리, 90% 세일 이런 말 있지? 홈쇼핑도 사용해보고 마음에 안 들면 환불 하라고 하지? 일단은 소비자가 제품을 근처에 갈 수 있게. 판매의 문턱에 걸치게 하는 것이지.”

같이 밥을 먹던 영업사원 선배는 으쓱한 듯 말했다. 처음 들어본 내용이었다. 문턱 걸치기라는 단어는 생소했지만, 곰곰이 생각해보니 그러한 사례가 많았다. 마트에서 공짜로 음식을 먹어보라고 하는 것도 일단 고객의 발걸음이 머물게 하는 것이었고, 인터넷으로 쇼핑에서 100원짜리

미끼상품을 띄우는 것도 일단 고객이 접속하게 하는 문턱 걸치기였다. 이 계기로 인해 나는 말의 기술에 관해 많은 정보를 찾아보았다. 신세계였다.

"고객님, 한정수량입니다, 오늘 이 상품을 만나 보실 수 있는 시간, 30분 남았습니다."

우리가 흔히 홈쇼핑에서 듣던 이 말은 기한을 주어 고객의 선택을 촉진하는 마감효과였다. 나는 배운 것을 즉시 적용했다. 판매를 하면서 오늘만 증정할 수 있는 나만의 사은품을 가지고 다니며 마감효과를 활용했다.

"지금 제품 색상이 패셔너블한 레드랑 편안하고 세련된 블루가 있어요. 어떤 색깔이 고객님 주방에 어울릴까요?"이 말에는 당연히 구매를 한다는 전제가 깔려 있다.'구매를 해야 하나 말아야 하나.'고민하게 하는 것이 아닌, 어떤 컬러를 사야 하는지를 고민하게 유도했다. 이후 나는 구매 자체를 권유하는 것 보다. 구매 후 주방에 배치할지 거실에 배치할지를 묻는다든지. 원하는 컬러를 묻는 판매 기술을 적용했다.

한창 쇼핑 호스트 준비를 하면서 발성과 발음을 연습을 많이 했는데, 그때 발성이 풍부하고 발음이 많이 정확해졌다. 초기에는 회사 일을 병행했었는데, 내 목소리가 고객에게 신뢰감과 편안함을 주어서 전보다 상담이 훨씬 수월해졌다.

말의 기술에는 여러 가지가 있다. 화술, 화법, 세일즈 기법, 발성, 발음, 호흡. 이 모든 기술은 내가 말하는 목적을 빠르고 효과적으로 달성할 수 있게 해준다. 서울에서 부산으로 갈 때, 자동차보다는 KTX가, KTX보다는 비행기가 빠를 것이다. 기동력이 있다면 빠르게 목적지에 도달할 수 있다. 지금까지 왜 몰랐을까? 말의 기술을 깨닫는 순간 나는 말의 기동력을 얻었다. 적은 말로 보다 효율적이고 효과적으로 결과를 얻을 수 있었다. 또 이미 많은 사람들이 검증해 놓은 안정적인 방법이고 노하우였다. 이것이 멘트의 공식 첫 번째, 말의 기술이다.

멘트의 공식 두 번째는 말의 내용이다. 말의 기술이 기동력이라면 말의 내용은 그 연료이다. 비행기가 있어도 연료가 없다면 날 수 없다. 말의 기술이 목적지를 빨리 가는 기동력이라면, 말의 내용은 그 목적지이자, 원동력이다.

한 친구가 면접 코칭을 받으러 왔다. 아나운서 준비를 했었고, 스피치 공부를 오래했다는 그 친구는 기본기가 탄탄했다. 호흡도 안정적이고 발성도 풍부하고, 발음도 정확하고 적당한 속도에 강조도 잘했다. 주변 사람의 기대주였던 그 친구가 면접에서 계속 낙방해 코칭을 신청한 것이다.

"당신의 장점은 무엇이죠?"

"제 장점은 사교성입니다. 친구들도 저를 편하게 생각하고, 저도 사람을 좋아합니다."

문제는 금방 드러났다. 면접은 '내가 어떤 사람이고, 자신이 이 회사에 업무를 잘 할 수 있다.'는 것을 말하는 자리이다. 하지만 그 친구는 스스로에 대한 이해가 부족했다. 또 회사나 업무에 대한 이해도 역시 많이 부족했다. 무슨 말을 해야 할지를 모르니 좋은 발성과 발음으로 횡설수설하기 시작했다. 그 친구에게 자신의 경험을 정리한 과거 정리표, 자신의 생각을 정리한 가치관 노트, 하고 싶은 업무에 대한 파악을 숙제로 내줬다. 그러자 자신은 회사에 빨리 붙어야 해서 면접 코칭을 받으러 왔는데, 이 숙제가 필요한지 되물었다.

"선생님. 생각해봤는데요. 제가 어떻게 말해야 하는지는 알고 있었는데, 어떤 말을 해야 하는지 몰랐던 것 같아요. 감사합니다."

회사에 합격했다며 한 달 뒤에 인사 온 그 친구가 남긴 말이다. 말의 기술을 안다면 빠르게 갈수 있는 기동력을 가진 것이다. 더 중요한 것은 목적지, 말의 내용이다. 더 잘 말하고 싶다면, 말하고 싶은 대화의 주제를 파악해야 한다.

멘트의 공식 그 마지막은 바로 나 자신의 매력이다. 일전에 〈인생술집〉이라는 프로그램에서 방송인 송은이씨가 자기계발서를 싫어한다고 말한 적이 있다. "저자가 살아온 인생을 저자의 기준에 맞춰서 나열한 책일 뿐, 그분의 인생이 완성된 게 아니잖아요.(……) 그러다 회고록에 예전 그 말이 다 틀렸다고 말하면 배신감이 들더라고요."나 역시 이 말에 일부 동의한다. 서점에 가보면 많은 사람의 성공사례, 성공원칙, 노하우를 담은 책이 많다. 하지만 그것이 꼭 다 옳은 길은 아니다. 내게는 맞지 않는 방법 일 수 있다. 그렇다고 해서 기피하는 것보다 내 삶에 지금 적용할 수 있는 것을 변별력 있게 취하면 된다. 나 자신의 매력과 장점을 살리는 것이 가장 중요하다.

모 기업에서 신입사원을 대상으로 영업 스피치 코칭을 진행했다. 처음 코칭을 하는데 유난히 의기소침하고 자신 없는 수강생을 보았다. 클래스를 마치고 개인 면담을 진행했다. 스스로 말이 느린 편이라 답답하다고 말했다. 대학생 때도, 입사준비를 할 때도 주변에 지적을 많이 받아, 말할 때 자신이 없고, 말하는 것 자체를 어렵고 부담스러워했다. 그 수강생의 말이 느린 편이었지만 심하게 거슬리지 않았다. 진짜 문제는 자신감에 있었다. 이미 스피치에 대한 의욕을 잃어버린 상태였다.

"다들 느리다고 하고. 알아듣기 쉬운 속도여야 잘하는 거잖아요. 연습해도 잘 안돼요"

"선생님, 저는 말이 굉장히 빠른 편이에요. 해주고 싶은 얘기가 많지만, 시간이 한정적이라고 생각해요. 그래서 저는 말이 빨라요. 스피치 기준에는 맞지 않아요. 하지만 이게 제 성격이랑 잘 맞아요. 진심과 열정이 드러나거든요."

상담을 해보니 말투가 느린 이유는 말하기 전에 생각이 많아서였다. 말이 느린 것을 고치지 않고 매력으로 살리기로 했다. 사람들에게 말이 느린 편임을 인정하고 그 이유를 함께 말하기로 했다. 또 느린 말투에서 느껴지는, 신뢰감과 신중함에 집중했다. 상담할 때, 여러 포트폴리오 대안과 참고 자료를 준비했다. 말에 속도에 신경 쓰지 않고 연습하다 보니 자신감이 붙었다. 스스로도 상담을 받는 고객 역시 신중하고 꼼꼼한 사람이라는 생각하게 됐고, 가장 매출이 많이 올랐다.

세상의 모든 기준에 나를 맞춘다면 나는 나의 색깔을 잃어버린다. 본인만의 매력을 다시 정리해보자. 위트, 신중함, 열정. 정말 좋은 노하우라도 나에게 적합하지 않을 수 있다. 세상의 기준에 나를 맞출 필요도 없다. 나의 향기가 풍길 수 있는 매력을 찾아보자.

말을 전하는 기술이 없이 내용만을 말하면 대화가 노골적이게 된다. 내용 없이 기술만 있다면 뜬구름 잡는 느낌의 대화다. 말을 잘 전달하는 기술, 내가 말하려는 내용에 대한 이해가 분명해야 한다. 제일 중요한 것은 그러한 형식과 내용을 만들어가는 '나'다. 멘트의 공식을 활용해 나의 매력이 풍기고 내용과 형식이 알찬 멘트를 완성하기 바란다.

그의, 그에 의한, 그를 위한 대화를 해라

쇼 호스트를 준비하고 있을 때, 예전에 퇴사했던 커피 회사에서 일손이 필요하니 이틀만 도와 달라고 말했다. 쇼핑 타워 1층을 통째로 빌려, 제품을 시연하면서 판매하는 큰 행사였다. 일하던 중 한 아주머니가 보이자 직원들이 웅성거렸다. 갑자기 한 직원이 내게 다가와서 귓속말로 말했다.

"저 아주머니 행사 첫날부터 계속 와서 이것저것 물어보고, 한참 있다가 가시더라고요."

아무래도 행사 내내 직원들에게 오셔서 궁금한 것을 물어보고, 종류별로 커피 맛만 보시다가 구매를 결정하지 못하고 계속 행사장 근처만 돌고 있는 것 같았다. 제품을 구경하며 커피를 홀짝홀짝 마시는 아주머니께 다가가서 물었다.

"커피 온도는 괜찮으세요?"

"아 예."

"어떤 커피 좋아하세요?"

"아, 나는 커피 별로 안 좋아해요. 며느리가 좋아하지."

"아 며느님이 커피 좋아하세요? 자상한 시어머님이시네요. 며느님 취향까지 알고 계시고"

생글생글 웃으면서 아주머니의 이야기를 경청했다. 아주머니는 아들과 며느리의 만남부터 함께 간 여행 이야기를 하시며, 며느님 사진까지 보여주셨다. 얼마 뒤 며느리 생일인데, 생일선물을 고르고 계셨다. 며느리가 커피를 좋아해서 그간 선물로 이 커피 머신을 눈여겨 보았다고 말했다. 하지만 지금 며느리가 임신 중이라 선물하기 망설여진다고 말했다.

"임산부한테 커피가 안 좋으실까봐 걱정되셨구나. 며느님 부럽네요. 저희 캡슐 중에 디 카페인이라고 카페인이 낮은 커피도 있어요. 커피 좋아하시는 분들은 스트레스 해소 차원에서 임신 중에도 약한 카페인으로 반잔에서 한잔 드시기도 하신대요. 혹시 며느님도 그러실지 모르니까, 한번 통화 해보세요."

아주머니는 임산부가 그래도 되냐고 걱정하셨지만, 바로 며느리에게 전화를 하셨다. 통화 뒤 며느리도 카페인이 약한 커피는 종종 마신다며 제품을 구매하셨다. 아주머니는 내게 아주 친절하고, 설명을 잘한다고 칭찬을 하시고, 회사에 칭찬의 연락까지 해주셨다. 많은 직원들이 아주머니와 대화했지만, 이 제품을 구매하면 좋은 점만을 설명했다. 하지만 나는 많은 설명을 하지 않았다. 오히려 아주머니가 얘기하실 수 있게 질문했고, 경청했고, 고민하는 문제에 답을 얘기 한 것뿐이다.

말하는 상대방. 그 사람의 관심 있는 이야기를 하고, 그 사람이 스스로 말하게 하고, 그 사람에게 필요한 이야기를 해야 한다. 자신의 입장에서 보면, 내 관심과 호감이 가는 이야기, 대화를 계속하고 싶은 이야기는 내 관심사, 나에 관한 이야기이다. 상대도 마찬가지이다. 상대의 관심사, 상대에 관한 이야기를 꺼내야 한다.

누구나 자신이 관심 있는 이야기, 듣고 싶던 이야기를 한다면 귀담아들을 것이다. 상대방의 관심사나 듣고 싶은 이야기는 어떻게 알 수 있을까? 많이 읽고, 많이 묻고, 많이 듣자.

마트에서 처음으로 식품매장에서 일 할 때, 보드카를 판매하였다. 식품매장은 처음이었고 매출이 잘 나오는 매장도 아니었지만, 나는 당당히 전국 매장 중에 판매 1위를 했다. 그 비결은 많은 질문에서 시작했다. 관심을 보이는 사람을 관찰하고 그에 관한 질문을 했다. 30대 여성이 카트에 시음을 하러 왔다. 그 여성의 카트에 삼겹살과 소주가 보였다.

"삼겹살 사가시네요? 오늘 저녁에 삼겹살 파티하시나 봐요?"

"예, 오늘 애기 아빠가 승진해서요."

"특별한 날이시네요. 남편 분 승진 파티면 정말 뿌듯하고 기분 좋으시겠어요."

고객의 장바구니나 표정 등을 관찰하고 질문을 던졌다. 자연스러운 대화 안에서 고객은 자신의 남편에 대한 대견함과 미안함과 고마움을 말했다.

"내일 출근하셔야 하는데, 소주는 너무 도수가 세지 않아요? 이 보드카는 음료랑 이렇게 희석해서 드시면 다음날 무리도 없고, 양이 많아서 다음에 또 드실 수 있어요. 소주도 좋은데, 이런 날은 또 이런 특별한 술을 먹어 줘야죠."

이 보드카가 판매 1위를 했다거나, 정식 공장의 공정을 거쳤다는 등 다른 얘기는 일체 하지 않았다. 축하하는 자리에 이 보드카가 특별한 선물이 될 것이라는 말을 해줬을 뿐이다. 그 고객은 보드카를 구매했고, 신랑이 너무 좋아했다며 다음날 다른 종류를 더 사러 왔다. 상대방의 일상, 관심사, 생각, 기분을 읽어야 한다. 그리고 상대를 관찰해서 읽어낸 부분을 질문한다. 질문을 통해 상대방이 자신의 이야기를 시작한다면, 그때부터 우리는 이야기를 성실하게 들으면 된다. 이야기를 들으면서 상대방의 문제나 고민에 시원한 해결책을 제시하면 된다. 그럼 상대방에게도 나에게도 도움이 되는 윈윈 대화가 된다.

하지만 이런 경우도 있다. 관찰을 해서 그에 관한 질문으로 대화가 시작됐는데 상대방과의 대화를 하다 보면 간혹 상대방의 얘기가 사실이 아닌 때 말이다. 혹은 상대방의 의견에 내가 동의하지 않는 때가 생길 수 있다. 그때에는 일단 상대방의 생각은 인정해줘야 한다.

얼마 전 화장 솜을 사러 화장품 가게에 들어섰는데, 고객과 점원 간에 싸움이 있었다. 고객이 폼 클렌징을 샀는데, 트러블이 났다는 것이다. 개봉한 것은 어쩔 수 없으니, 그때 함께 산 다른 폼 클렌징을 환불하려고 왔다가 싸움을 하게 된 것이다.

"아니 한방 제품이라 내가 트러블이 난 것 같다니까. 이 여자가 자꾸 그럴 리가 없다고 하잖아. 내가 사기꾼이야 뭐야."

그 고객은 한방성분이 들어가서 본인의 트러블이 생겼다고 믿었다.

하지만 판매사원은 트러블은 개인의 문제일 뿐 한방 제품의 문제는 아니라고 말했다. 결국 대화가 감정싸움이 되었다. 이 경우 어떻게 말하면 좋았을까?

"트러블 때문에 난처하셨죠? 저도 가끔 성분이 안 맞는 것 쓰면 그러더라고요. 아무래도 한방 제품 때문이라기보다 성분이 안 맞으셨던 것 같아요."

일단 그 사람의 이야기를 들어주고, '맞다. 나도 그랬다. 다른 사람도 그렇다'라고 동의를 해준다. 만약 나 스스로 동의가 안 된다면 '그 경우에는, 그게 사실이라면 감정적으로 속상했겠다.'라는 공감이라도 전한다. 그리고 본인이 알고 있는 사실을 전하면 된다. 대화의 상대방을 가르치는 것이 아니라, 상대방 스스로 이해하고 깨닫게 하는 것이 대화의 목적이기 때문이다.

많은 사람들이 말을 할 때 하는 실수가 있다. 대화의 목적, 이유, 강점 등 자신이 알고 있는 모든 정보를 상대방에게 다 말하려고 하는 것이다. 듣다 보면 나중에는 강의가 된다. 상대방은 지루해한다. 사실, 듣는 상대방은 간단한 핵심 정보만 필요하다. 우리는 상대방의 상황과 관심에 맞는 핵심만 전달하면 된다. 우리는 그간 우리가 대화의 주도권을 쥐고 우리가 하고 싶은 말만 했다. 하지만 대화의 성공은 그의, 그에 의한, 그를 위한 대화에서 시작된다는 것을 잊지 말아야 할 것이다.

내가 확신해야 고객도 주문한다

홈쇼핑 방송이 개국을 앞두고, 방송 일정이 너무 많았다. 녹화 방송 준비도 하고, 방송 기술 테스트도 하는 방송이었다. 촉박한 일정이지만 그래도 큰 사고 없이 잘 해내고 있었다. 하루는 방송을 마치고 스튜디오를 나서는데, 담당 PD님이 왔다.

"오늘도 고생 많았어요! 방송 일정이 조금 많죠? 그래도 잘하고 있어요. 오늘 방송 녹화 한 것 메일로 보낼게요. 메일 주소 이게 맞죠?"

그간 방송 녹화 분을 받아 볼 수 있는지를 PD님께 계속 문의했었다. 집에 가서 방송을 보고 큰 회의감이 들었다. 다른 방송관계자들은 그래도 잘하고 있다고 말했지만, 나는 내 방송을 보고 결코 구매하지 않을 것 같았다. 상품 숙지도 했고, 역동적인 표정과 제스처, 분명한 어투로 말하기 때문에 크게 문제는 없다. 또 브라운관을 통해 보는 시청자는 모를 수도 있다. 하지만 나는 진정성도 제품에 대한 확신도 없었다. 미뤄왔던 녹화 분을 오늘 갑자기 보내 준 담당PD 역시 같은 느낌을 받았을 것이다. 나 스스로를 돌아보는 계기였다.

말을 잘하는 사람, 말할 내용을 잘 아는 사람이 되는 것도 중요하지만, 내가 말하려는 것에 확신을 가지고 있는 사람이 되는 것이 더 중요하다. 본인의 체험과 확신과 진정성으로 말하는 사람은 사람의 마음을 움직인다.

얼마 전 어머니가 화장품 세트를 구매했다. 이미 구매해 놓은 것도 있는데, 과소비라는 생각에 환불 하시는 것이 좋겠다고 말했다. 다음 날 판매사원이 환불을 직접 해주겠다며 방문했다. 나는 가만히 앉아 어머니와 판매사원이 나누는 대화를 들었다. 20~30대 여성으로 보이는 그 판매사원은 화장품은 반품해도 좋으니 샘플만이라도 써보라는 얘기만 계속했다. 상품이 어떤 성분이 있어 어디에 좋은지 물어도 대답을 잘하지 못했다. 숫기도 없어 보이는 저 여성이 왜 이일을 시작했을까? 그 여성은 차를 다 마실 쯤 이런 이야기를 했다.

"사실 저는 얼굴에 트러블이 많았어요. 근데 정말 이 화장품을 쓰고 트러블 자국도 없어지고, 트러블도 엄청 줄고, 피부에 생기도 돌아서 정말 좋았어요. 제가 그때 직장이 없었는데, 여기 화장품 회사에서 사람을 뽑는다고 하더라고요. 말을 잘 못하고, 영업은 자신 없지만 이 화장품이 진짜 좋아서 시작했어요"

이 말을 할 때의 눈이 정말 반짝였다. 이 제품을 많은 사람들이 쓰고 자신과 같은 효과를 보길 바란다는 그녀의 말에서 진심이 느껴졌다. 같이 얘기를 나누시던 어머니뿐 아니라, 내 마음도 움직였다. 결국 우리는 환불하지 않았다.

말을 잘하기 위해 우리는 많은 테크닉을 공부하고, 말할 내용에 대해 공부한다. 하지만 진정성과 확신이 빠져있다면? 큰 한계를 느끼게 된다. 물건을 살 때 조리 있게 말하는 사람에게 설명을 듣고 물건은 사고 싶어진다. 하지만 그 물건을 꼭 그 사람에게 살 이유는 없다. 더 저렴한 곳을 찾아보거나 다른 사람에게 구매하는 경우가 많다. 그러나 스스로 확신하고 진심으로 말하는 사람에게는 꼭 그 사람에게 사야 한다, 사고 싶다는 대체 불가능한 힘이 있다. 나 역시 그 힘을 경험했다.

과거 모델 하우스를 설명하는 하우징 큐레이터로 일을 했었다. 나는 그 전에는 모델 하우스를 본적이 없었다. 깔끔한 인테리어, 예쁜 소품들, 이것들을 빛내주는 조명. 나는 내가 이렇게 예쁜 곳에서 일한다는 사실에 행복했고, 나 역시 이런 아름다운 집에 살기를 바랐다. 한 중년의 부부는 내가 담당하는 29평형 모델 하우스에 매일같이 방문했다. 분양을 담당하는 상담사와 모니터 분들과 동행하며 모델 하우스를 돌아봤다. 그러던 어느 날, 두 부부만 방문해서 내가 설명을 했다. 한참 설명을 마치고 나서 남편분이 나를 보고 말했다.

"아가씨, 그럼 분양 계약합시다"

나의 업무는 내가 맡은 29평형 모델 하우스를 설명하는 일이었지, 분양이 아니었다. 분양 상담사를 안내해 드리겠다는 얘기해도 꼭 나와 계약을 하겠다고 말씀하셨다. 모델 하우스 관계자의 설명으로 중년의 부부는 분양상담사와 계약을 하러 갔다. 한참 뒤 계약을 마친 중년의 부부가 내게 와서 말했다.

"아가씨가 설명한 내용은 이미 다 들어서 알고 있었어요. 근데 아가씨가 이 집이 너무 좋다면서, 자기가 여기 살면 '여기에 뭐 놓으면 예쁠 것 같아요, 여기에서 티 타임 가지면 좋겠어요.'하는 말에 나도 여기 살고 싶어졌지. 덕분에 좋은 집에 살게 됐네. 고마워요."

많은 경험을 가지고 있던 분양상담사와 모니터분 들은 베테랑으로, 기술과 경험은 있었지만, 진심으로 이 집이 좋다고 생각하지 않았다. 하지만 상담 한번 해본 적 없고 모델 하우스도 처음인 나였지만, 내가 설명하는 모델 하우스에 애정이 많고 진심이었고, 확신했다.'진심은 통한다.'이 말의 힘을 몸소 겪은 날이었다.

진정성과 자기 확신이 중요하다는 것은 알고 있지만, 지금 내가 하는 일에 확신과 진정성이 안 생기는 이유가 무엇일까? 대부분은 내가 하는 일, 내가 말하는 것의 내용이나 매력을 몰라서 그렇다. 열린 마음으로 관심을 가지면 알게 되고, 알게 되면 좋아하게 되고, 좋아하면 잘하게 된다.

캡슐커피머신 회사에서 근무할 때 한 고객이 찾아왔다. 깐깐해 보이는 그 고객은 한참 이것저것을 물어봤다. 상담 끝에 고객은 구매를 결심했고, 새 제품의 상태를 보여 달라고 했다. 새 제품을 보여주며 설명을 하고 있는데 고객이 다시 불쑥 질문했다.

"이거 캡슐에 뜨거운 물이 닿을 건데, 인체에 해로운 거 아니에요? 이거 재질이 뭐에요?"

미처 숙지하지 못한 부분이라 나는 당황했다. 글로벌기업에서 해로운 제품을 판매하지 않는다고 대답했지만, 고객은 끝까지 그 재질을 물어봤다.

"아니 판매하는 사람이 그것도 몰라요?"

결국 그 손님은 구매를 취소하고 떠났다. 처음엔 퇴근하지도 못하고 상담한 고객인데, 허무한 마음이 더 컸다. 하지만 시간이 갈수록 미처 숙지하지 못한 부분에 아쉬움이 남았다. 나중에 알아보니 제품의 재질은 따뜻한 물에 닿아도 문제없는 보크사이트라는 천연원료였다. 고객의 질문은 오히려 제품의 장점이었다. 이후 나는 제품을 조금 더 신뢰하고 확신할 수 있었다. 내가 제품을 확신하자 전과 달리 많은 기술이 필요없이 내 말에 힘이 생겼다.

누구에게나 처음은 있다. 우리는 시행착오를 겪으며, 우리가 말하고자 하는 내용에 대해 알아간다. 아는 부분이 많아질수록 자신감이 생긴다. 그래서 말재주 있는 신입사원보다 제품에 대해서 많이 알고 있는 경력사원들이 능숙하다. 하지만 단순히 아는 것을 넘어서 아는 것을 토대로 자부심, 진심, 애정을 느껴야 한다.

회사에서 신입으로 들어온 후배들을 대상을 영업과 세일즈에 대해서 교육을 했다. 교육을 마치고 한 친구가 손을 들고 물었다.

"이젠 고객들이 너무 무서워요. 어떻게 대해야 할지 모르겠어요."

"고객의 연령대랑 성별이랑 가까운 지인을 떠올려보세요. 50대 여성은 엄마, 70대 어르신은 할아버지 이런 식이죠. 분명 우리 부모님도, 친구, 지인들도 누군가의 상담이나 서비스를 받을 수 있어요. 여러분 지인이 어떤 대우, 어떤 말을 듣길 바라나요? 그걸 내가 해 주면 되요."

내 대답은 그렇다. 내가 말하는 사람에게 진심이고, 말하는 것에 확신이 있다면 그들도 내 마음을 알 것이다. 사람은 논리적으로 결정하는 순간보다 감정으로 결정하는 순간이 많다. 그 감정이 움직이는데 진정성과 확신은 필수다. 쇼 호스트를 꿈꾸는 학생이 정말 안 좋은 물건을 만나면 어떻게 해야 하는지를 묻는 말에 이런 말을 해준 적이 있다.

"세상에 헛되게 태어난 물건은 없다."

말하려는 것 또한 마찬가지이다. 말하려는 것이 제품인지, 서비스인지, 자기 자신인지는 중요하지 않다. 그 무엇이어도 상관없다. 말하려는 것에 진심을 다하고 있는가? 사랑하고 있는가? 확신하고 있는가? 내가 사랑하지 않는, 확신하지 않는 그 무엇에도 고객은 움직이지 않는다. 내가 확신을 한다면 고객도 분명 주문을 한다는 사실이다.

생생하게 대화를 그리면 그 그림이 상대방을 이끈다

몇 해 전 친구들과 단체여행을 가기로 했다. 어렵사리 시간 약속을 잡고, 꼼꼼히 인터넷 검색을 하며 풀 빌라도 예약했다. 여행에 들떠 있던 출발 일주일 전, 회사에 큰 일정이 생겨서 나는 불참하게 되었다. 여행 뒤 같이 만난 식사자리에서 대화의 화제는 역시 여행, 특히나 풀 빌라였다.

"거기 진짜 좋더라. 거실이 넓어 인테리어도 되게 깔끔했어. 사진보다 더 훨씬 좋던데. 다음에 또 같이 가자."

여행이 즐거웠는지, 다녀온 친구들이 하나같이 입을 모아 극찬했다. 나는 좋았겠다. 재미있었겠다. 아쉽다고 맞장구치며 친구들의 말을 들었다. 한 친구가 나를 보며 이야기를 했다.

"맞아. 거기 문 열고 바로 들어가면 벽면이 통유리로 된 거실이 보여. 거실 크기가 지금 여기 밥집만 할걸? 엄청 커. 그간 업무 스트레스 많았는데 되게 마음도 넓어지는 느낌이었어. 거실 소파에서 수영장이 바로 보여서 수영 안 해도 시원하더라. 진짜 또 가고 싶다."

이 친구의 얘기는 다른 친구들과 조금 달랐다. 그 풀 빌라로 떠나면 지금 가지고 있는 업무 스트레스가 날아갈 것 같았다. 이번 주라도 당장 떠나고 싶었다. 돌이켜보면 항상 이 친구가 물건을 사면 주변에 모두가 구매를 했고, 이 친구가 만족한 미용실에는 모두 한 번씩은 다녀왔다. 이 친구는 말을 빠져들게 한다. 이유가 무엇일까 생각을 해 보았다. 그 친구 그림을 그리듯이 생생하게 말하는 것이었다.

'강아지'를 떠올려보자. 우리는 강아지라는 말을 들었을 때 공통적으로 네발 동물인 우리의 친구, 강아지를 떠올린다. 하지만 시베리안 허스키를 떠올린 사람도, 웰시코기를 떠올린 사람도, 푸들이나 말티즈을 떠올린 사람도 있다. 각기 구체적으로 생각하는 강아지의 모습은 다르다.

말에는 공통점은 있어도 동일성은 없다. 내가 말로만 설명하려고 하면 내가 의도하는 방향과 다르게 흘러간다. 상대방은 대화가 어렵다고 생각한다. 또 대화 의도와 느낌이 구체적으로 전달되지 않는다. 그래서 대화를 보다 생생하게 그려야 한다. 예시를 들어주고, 이미지 그릴 수 있게 묘사하는 것이다. 그럼 자연스럽게 대화에 빠져들게 된다.

짜 먹는 휴대용 영양제를 표현한다면? '사이즈가 작고 휴대하기 간편해서 언제 어디서든 먹을 수 있어요'라는 표현보다 '가방, 파우치, 심지어 필통에도 들어가는 사이즈로 가지고 다니면서 도서관이나 회사 어디든지 먹을 수 있어요'라는 생동감 있는 표현이 듣는 이에게 더 와 닿는다. 듣는 사람은 이 이야기를 듣고 도서관에서 피곤할 때 필통에서 꺼내 먹는 상상을 할 수 있다. 혹은 회사에서 업무에 지쳤을 때 가방에서 꺼내먹는 상상을 할 수 있다. 내가 말만 하면 상대는 듣기만 한다. 하지만 내가 말을 그리면, 상대는 그 그림을 따라가면서 말을 들을 수 있다.

커피 머신 영업 교육을 진행할 당시, 두 신입사원이 눈에 띄었다. 한 신입사원은 이렇게 판매 PT를 했다.

"지금 이 제품이 판매 1위에요, 인기 되게 많아요. 디자인 같은 경우도 독일의 레드닷 디자인상을 수상했거든요. 예쁘죠?"

생글생글 웃으면서 편안하게 말했다. 제품을 가리키는 동작부터 강조할 부분에서 손이나 팔, 이마 근육을 활용하여 표현했다. 듣는 사람들의 시선을 대화에 집중시켰다. 다른 신입사원은 표정이나 제스처는 많지 않았지만, 표현이 정말 생생했다.

"지금 보시는 제품이 판매 1위에요. 커피 머신 쓰시는 분들은 세 분 중에 한 분은 이거 쓰시는 거죠. 입소문이 많이 나서 찾는 분들이 많아요. 디자인이 워낙 고급스러워서 주방에 딱 가져다 놓으면 인테리어 효과가 크거든요. 커피 못 드셔도 인테리어 때문에 사 가시는 분들도 있어요. 이게 독일에 레드닷 디자인상을 수상한 거거든요."

분명 두 수강생이 말한 것은 같은 내용이었다. 판매 1위, 인기가 많다, 디자인이 좋다. 하지만 둘의 느낌은 달랐다. 많은 사람들이 처음 신입사원이 판매를 잘할 거라 생각했다. 하지만 결과는 달랐다. 두 번째 신입사원의 매출이 많았던 이유는 한, 두 가지가 아닐 것이다. 하지만, 생생한 표현의 차이 역시 큰 원인이다.

우리가 쉽게 생각하는 생생한 대화는 제스처, 표정을 많이 쓰는 행동하는 대화다. 행동의 대화는 듣는 사람의 시선이 머물게 할 뿐 공감이 머물 수는 없다. 하지만 말이 생동감이 있으면 듣는 사람이 자신의 삶에 적용하면서, 이미지를 그리면서 대화를 듣는다. 듣는 사람이 쉽게 공감하고 이해할 수 있다. 물론 대화를 생생하게 그리는 표현과 적절한 제스처와 표정을 모두 활용할 수 있다면 최상의 대화가 될 것이다.

"지금 보시는 이 돈가스는 전자레인지를 이용해서 간편하고, 안에 치즈도 많이 들어가 있어서 아이들이 정말 좋아해요. 오늘 저녁에는 돈가스 어떠세요?"

"일하고 집에 돌아오시거나, 하루 종일 집안일에 육아에 지쳤는데, 또 저녁까지 해야 되니까 너무 피곤하잖아요. 아이들이 입맛에 안 맞으면 먹지도 않잖아요. 그럴 때 돈가스 간편하게 전자레인지 데워서 식탁에 딱 놔주면 애들 너무 좋아하죠."

두 대화 모두 돈가스를 말하지만, 생생한 대화의 느낌이 다르다. 생생한 표현을 공부하고 싶다면 쇼 호스트를 참고하면 좋다. 쇼 호스트는 생생한 표현, 제스처, 표정 모두 살아있다. 여러분들도 할 수 있다. 나도 예전에는 이런 표현을 꿈도 못 꾸던 고시생이었기 때문이다.

대화를 이미지화하면 듣는 사람의 이해와 공감을 돕는다. 뿐만 아니라 말하는 사람 역시 말을 할 내용이 정리가 되고 말을 하는데 길을 잃지 않는다.

쇼 호스트를 준비 할 때, 꿀을 원료로 계면활성제가 들어가지 않은 클렌징 폼으로 스터디를 했다. 이 제품의 장점은 천연원료, 세정력이 좋아 한 번 세안으로 메이크업도 지울 수 있고, 계면 활성제등 유해 화학원료가 없었다.

"우리 화장 지울 때, 이중 세안 삼중 세안 하잖아요? 정말 귀찮아요. 이 제품이라면 한 번에 깔끔하게 세정이 됩니다. 세정만 되나요? 아니에요. 깨끗하게 세정이 되는데, 심지어 계면활성제가 없어 내 피부에 건강하게 세안할 수 있어요."

나는 제품의 장점과 내 경험을 토해내 듯 말했다. 외운 것을 말하다 보니 다음에 무슨 말을 해야 하는지를 계속 생각했다. 말하는 내내 심장이 뛰고 초조했고 빼놓은 이야기는 없는지 불안했다. 집에 돌아와 모니터를 하는데, 자연스럽지 않은 내 모습에 크게 상심했다. 말을 어떻게 시작하고 말을 어떻게 이어갈지조차 고민이 됐다. 그때 과거 내가 판매사원으로 일할 때 방법이 떠올랐다. 먼저 이미지를 그린다. 내가 세안을 하는 모습. 그 과정에 이 제품을 적용했다.

"우리 퇴근하고 집에 가면 화장 지울 힘이 있나요? 또 메이크업은 하는 것 보다 지우는 것이 중요하다니까, 한 번에 잘 안 지워지니까, 꾸역꾸역 이중 삼중으로 지우죠. 너무 피곤해요. 근데 한 번에 깔끔하게 지워집니다. 사실 화장 지우고도 문제에요. 다 지우고 나면 엄청 땡기잖아요. 저는 또 예민한 피부라 화학용품 쓰면 바로 트러블 올라오거든요."

이렇게 대화를 그리고 나니 내가 어떤 부분부터 말해야 하는지, 놓친 부분은 없는지 고민하지 않게 되었다. 해야 할 말이 많을 때, 종종 우리는 어떤 말부터 해야 하는지, 혹시나 빼놓은 말은 없는지 고민한다. 또 말을 한참 하다가 다음 할 이야기를 잊어버리곤 한다. 이 모든 문제는 대화를 미리 그려보면 모두 해결된다.

생생하게 표현하고 대화를 이미지화해야 한다. 처음에는 어렵지만 분명 대화를 생생하게 그리면 그 그림이 상대방을 이끌 것이다. 사례가 어렵다면 비유나 가정을 해도 좋다. 대화를 생생하게 그린다면, 내가 아등바등 대화를 끌고 가는 것이 아니라 그 대화의 그림이 상대방을 이끌 것이다.

어제와 다른
당신의 멘트를 원한다면

'어제보다 더 나은 오늘이 되자'내가 하루를 시작할 때 하는 말이다. 사람은 모두 성장하고 싶고 더 나아가고 싶어한다. 더 많은 것을 알고 싶고 깨닫고 싶고 내 것이 되길 원한다. 그래서 책도 읽고 강의도 듣는다. 어제와 다른 당신을 원하는가? 어제와 다른 당신의 멘트를 원하는가? 그렇다면 어떤 부분이 어떻게 바뀌어야 하는지 변화할 내 모습과 그 방법을 파악해야 한다.

얼마 전 아나운서가 되기를 희망하는 친구와 상담을 한 적이 있다. 아나운서가 되고 싶다는 그 친구는 무엇을 어디서부터 어떻게 준비할지를 난감해하고 있었다.

"지금 가장 문제가 되는 건 무엇이니?"

"모르겠어요. 발음이나 발성도 약하고 스피치도 잘 안되고 기회도 없고 막막해요"

함께 문제를 적어 내려 갔다. 이력서나 지원서에 쓸 프로필사진도 없었다. 소리가 많이 떨리고 힘이 없었다. 그렇게 문제를 정리하고 긴급함과 중요함을 가지고 다음과 같이 4가지로 나눠보았다. 긴급하고 중요한 것, 긴급하지는 않으나 중요한 것, 긴급하나 덜 중요한 것, 긴급하지 않고 덜 중요한 것. 그 구별을 토대로 우선순위를 정했다. 2달 뒤 나를 찾아온 그 친구는 몰라보게 달라졌다. 스스로 가장 우선순위로 정한 프로필 촬영하기 위해 운동과 식습관조절을 했고, 그 과정에서 의욕이 생겨 실천 리스트를 하나 두 개씩 더 실행할 수 있었다고 말했다.

어제와 다른 당신이 되고 싶고 어제와 다른 당신의 멘트를 원한다면 현재 자신의 문제점과 개선점을 알고 있어야 한다. 내 지금 위치를 알아야 어디로 어떻게 나아 갈 수 있는지가 보인다. 당신은 스스로에게 너무 많은 질문을 던지고 단순한 것을 복잡하게 만들고 있는지도 모른다. 복잡한 기계에도 간단한 원리는 있다. 지금 당신을 보라. 그리고 어떻게 나아가고 싶은지를 정하라. 그리고 거기에 먼저 실행해야 할 순서를 정하면 된다.

해결하고 싶은 문제점을 찾았고, 우선순위를 정했다면? 이제는 해결책을 찾아야 한다. 오늘날 우리는 책, 인터넷으로 많은 정보를 쉽게 접할 수 있게 되었다. 하지만 오히려 너무 많은 정보와 노하우들이 우리가 빠르게 해결할 수 있는 길을 가리고 있을지도 모른다.

얼마 전 재무 설계사 한 분이 내게 상담을 요청했다. 이제 막 업무를 시작했는데 본인의 스피치가 부족해서 요즘 책도 보고 강의도 듣고 연습을 많이 하는데 막상 효과가 나지 않았다는 것이다. 그래서 같은 일을 하고 있고, 스피치 교육을 했던 나에게 상담을 요청한 것이다. 무슨 연습을 많이 하고 있는지를 물어봤다. 매일 복식호흡을 하고 발음 연습과 책을 소리 내어 읽는다고 말했다. 나는 그녀에게 지금 제일 문제가 무엇이고 어떤 모습이 되고 싶은지를 되물었다.

"사람을 만나서는 너무 떨리고 목소리가 작고 힘이 없어요. 힘 있는 말을 하고 싶어요."

그녀와 상담을 해보니 발성 발음뿐만 아니라 본인이 업무 관련 지식과 이해도가 부족했고, 그 부분에서 자신 없는 모습을 발견할 수 있었다. 업무 지식 및 이해도를 1순위로 그녀가 해야 할 우선순위를 정했다. 일주일도 채 되지 않아, 그녀는 자신이 공부한 분야를 보다 힘 있게 말할 수 있게 되었다.

내가 어깨가 아파서 치료를 필요로 하는데, 의사가 다리에 침을 놔준다고 생각해보자. 효과가 있을까? 그러나 정확하게 어깨에 침을 놓는다면 조금 더 치료가 빨라지지 않을까? 재무 설계사인 그녀도 마찬가지였다. 그녀가 그간 해왔던 발성 발음 연습이 그녀의 말에 도움이 되었으리라 장담한다. 하지만 그녀에게 더 효율적이고 효과적인 변화의 방법이 있었다. 모두가 가진 문제가 다르다. 그렇기에 해결방법이나 나아갈 방법도 다르다. 지금 하는 노력을 되짚어 봐야 한다. 올바른 방향의 해결책이 필요하다.

문제점도 찾았고, 우선순위도 정했다. 그에 따른 해결책도 찾았다면? 변화를 바란다면 발가락부터 움직여보자. 발가락을 움직이는 작은 실행이 기적을 만들어 내는 시작이다. 결국 모든 것은 실행할 때 실현된다. 배가 고프다고 해서 밥을 와구와구 입에 넣는 것이 중요할까? 아니다. 꼭꼭 씹어서 소화를 시킬 때 비로소 나의 영양분이 되고 배가 부르다. 배우고 깨달은 것이 소화되어 나의 것이 되는 실행의 시간이 반드시 필요하다. 나 역시 그랬다.

쇼 호스트를 준비하면서 많은 날을 쉼 없이 강의도 수강하고, 코칭도 받고, 스터디도 했다. 하나도 놓치지 않기 위해 배운 내용, 지적받은 내용, 스스로 깨달은 내용을 매 클래스 마다 빼곡하게 정리했다. 하루는 코치 선생님이 이런 지적을 했다.

"처럼아. 너 정말 열심히 한다. 근데 필기한 것 보기는 보니?"

코치 선생님은 필기량이 많은데 복습하기 힘들 것 같다는 걱정을 담은 말이었지만. 나는 괜시리 부끄러웠다. 집으로 돌아와 그간 필기했던 모든 내용을 꺼내 정리했다. 개선된 내용도 있었지만, 중복되는 내용이 무척 많았다. 먼저, '팔로 하는 제스처가 많아 정신이 없다.'는 피드백이 제일 많았다. 그 날부터 종이 달린 커다란 팔찌를 양쪽 손에 차고 다녔다. 친구들은 밸리 댄서로 전향했냐고 놀렸지만, 내가 팔을 움직일 때마다 소리가 나기 때문에 주의하기에 좋았다. 또 'ㄹ'발음이 좋지 않다는 피드백이 두 번째로 많았다. 나는 책을 읽으면서 모든 받침의 발음을 'ㄹ'로 바꿔서 읽었다. 그런 시간을 보낸 뒤 나는 더이상 같은 지적을 받지 않았고 메모도 가벼워졌다.

모든 일정을 강의와 코칭과 스터디로 채워서 열심히 하고 있다고 믿었다. 하지만 내가 배운 것을 소화할 시간이 없었다. 비로소 내 시간을 얻어 개선사항을 진짜 실행하고 연습할 수 있었다. 우리는 해결책을 소화할 수 있는 실행의 시간이 필요하다.

난 20대에 모았던 모든 돈을 투자해 사업을 시작했다. 잘 운영되는가 싶더니 사드로 인해 사업의 위기가 오고, 엎친데 덮친 격으로 믿고 장비 구매 등 회계를 맡겼던 친구의 횡령으로 마음까지 크게 다쳤었다.

빚과 사무실 월세를 감당하기 위해 나의 감정을 돌아볼 시간 없이 일만 했다. 어느 정도 정리가 되고 나서보니 이미 나는 너무 지쳐있었다. 주변의 조언으로 책을 읽었다. 같은 책을 반복해서 읽으며 인상 깊었던 구절과 떠오르는 생각을 정리했다. 하지만 내 인생은 내 마음의 상처는 치유되지 않았다. 나는 책을 정리했지, 아무것도 행동하지 않았다. 내 발가락은 고요했고 손가락만 바빴다. 나의 손가락만 바빴다는 것을 깨달은 그 날. 내가 행동할 것들을 체크하고 우선순위를 정했다. 그리고 하나씩 실행했다. 그러자 비로소 마음도, 생각도, 삶도 조금씩 변화하기 시작했다. 이 책도 그 실행목록 중 하나이다.

60조의 세포 중에서 90퍼센트는 약 90일 만에 다시 태어난다. 90일이 지나면 몸의 대부분이 다시 태어나는 것과 같다. 몸의 대부분이 다시 태어나는 데는 90일이 걸리지만 사람의 마음과 인생이 변하는 데는 얼마나 걸릴까? 찰나의 순간. 바로 지금 이 순간에도 가능하다.

내가 고시원에 있었을 때, 나는 고시생이었다. 내가 영업을 하자 영업을 하는 직장인이 되었다. 쇼 호스트를 꿈꾸고 발을 내딛는 순간부터 나의 인생에 쇼 호스트라는 길이 열렸다. '발이 향하는 곳에 길이 있다.' 당신이 꿈꾸고 실행한 대로 삶은 움직인다. 어제와 다른 사람 어제와 다른 삶을 살고 싶은가? 어제와는 다른 멘트를 하고 싶은가? 그렇다면 당신의 어제와 오늘에 무엇이 문제이고 대안인지를 파악하고, 우선순위를 정하고 지금 바로 행동하라. 어제와 다른 당신의 멘트. 어제와 다른 당신이 다시 태어나는 그 시작의 순간이 바로 지금이길 바란다.

PART 5

인정받는 스피치

네 번째 비책, 비즈니스 스피치

_ 김선미

나는 절대 광고하지 않는다

어느 날 머리를 자르려고 미용실에 갔다가 원장님과 대화를 하게 되었다. 원장님은 미용실 광고를 위해 광고 대행사에 500만원이라는 돈을 지불했는데 업체가 망하면서 공중 분해되어 광고도 못하고, 돈도 돌려받지 못한다면서 깊은 한숨을 내쉬었다. 혼자서 광고를 하다가 안 되겠다 싶어서 광고 대행사에 큰 마음먹고 의뢰를 했다고 했다. 그리고 6개월분을 한 번에 지불했다고 하신다. 난 안타까운 마음에 그 자리에서 4시간 동안 상담을 해주고 왔다.

아무래도 사업을 하다 보니 '광고는 어떻게 해요?', '광고 교육은 어디서 받는 게 좋을까요?', '광고 대행사는 어디가 좋아요?' 등등. 광고에 관한 수많은 질문을 받는다. 사업을 하는 사람들은 광고의 필요성에 대해 중요하게 인지를 하고 있으며, 적게는 수십만 원에서 많게는 수천만 원까지 광고로 돈을 지불하고 있다. 그런데 그거 아는가? 불특정한 다수를 대상으로 하는 광고보다는 찾아오시는 고객 한분 한 분께 진심으로 최선을 다하는 게 광고의 파급 효과가 더 크다는 것을.

나는 마케팅 전문가도, 상담 전문가도 아니다. 현재는 건강을 위한 사업을 하고 있지만 내가 이렇게 사업을 하리라곤 생각도 못했었다. 물리치료사로서 열심히 살고 있었는데, 동료 선생님의 한 마디로 인해 인생이 변화되었다고 해도 과언이 아니다. "당신은 병원보다는 헬스장이 더 어울려." 라는 한 마디였다. 그 당시에는 비수가 되어 꽂혔는데, 가만히 생각해 보니 적성에도 맞을 것 같았다. 그도 그런 것이 난 '마음이 즐거워야 건강하다.'라는 신조를 가지고 일을 해왔기 때문이다. 그래서 동료 선생님들은 나를 흥이 많은 사람이라고 생각했는지도 모른다. '그래! 아픈 사람들을 치료해 주는 것도 좋지만, 아픈 것을 미리 예방해 주는 것도 좋을 거야! 운동으로서 말야.' 그런 생각이 들자마자 난 물리치료사를 그만두고, 바로 헬스장 트레이너로 일할 수 있었다.

그런데 너무 근거 없는 자신감에 차 있었던 탓일까? 시간이 가면 갈수록 파이팅 넘치는 에너지가 점점 사라져갔다. 헬스장에서는 상담을 통해서 진정한 자신의 고객으로 연결시켜야 하는데 고객 상담을 하는 족족 실패하는 것이었다. 그리고 그 경험은 트라우마가 되어 점점 새로운 고객에게 말을 걸기까지 한참을 힘겨워했다. 병원에서는 아파서 자신의 통증을 참다 못해 오기에 바로 고객이 되지만, 헬스장은 그렇지 않았던 것이다. 그렇게 급하지 않은 고객을 설득해서 등록을 시켜야 했던 것이다.

돌이켜 보았다. 왜 고객들이 등록을 하지 않는 것일까? 나는 참 정직했다. 물론 정직이 나쁘다는 건 아니다. 정직은 좋은 것이다. 난 고객들과 상담을 할 때 정직하게 몸 상태를 설명하고, 필수적인 부분들만 말해주었다. 그리고 자존심이 있어서 돈을 내고 등록을 하라는 말을 더더욱 할 수 없었다. '하시려면 하세요.'라는 태도였다. 그러니 고객들이 등록을 할 리가 없지 않는가!

그렇게 몇 달 내내 출퇴근 도장만 찍고 통장마저 마이너스가 되어 버렸다. 달랑 기본급 50만원의 월급 통장을 펼쳐 본 나는 새로운 좌절감과 마주 하게 되었다. 칠전팔기 실행력과 자신감 하나로 버텨온 내 인생인데 이대로 무너질 순 없다는 생각이 들었다. 그랬기에 다음의 고민이 시작되었다. '어떻게 하면, 내 말이 사람을 움직이게 하지?'하는 고민이었다. 그런데 너무 어려운 숙제였다.

계속된 실패로 우울감에 빠져 과자 한 봉지를 우걱우걱 씹으며 멍하게 텔레비전을 보고 있었다. 리모컨을 돌리던 중 마스크 팩을 팔고 있는 쇼 호스트를 보는데, 나도 모르게 구매 버튼을 누르고 말았다. 무의식적으로 말이다. 망치로 머리를 한 대 맞은 느낌이었다. 바로 저거다 싶었다. 다음날 바로 쇼 호스트 학원을 찾았고, 배운 내용을 생활에 접목시켜보기 시작했다. 그 순간 삶은 커다란 쇼핑 채널과 같았다. 끊임없이, 누군가를 설득해야 했고 반대로는 잘못된 선택을 하지 않으려 냉철함을 유지 해야만 했다. 나는 강의를 듣는 즉시 고객 상담에도 그대로 적용했다.

쇼 호스트 스피치의 가장 기본적인 틀은 이렇다.

(a)오프닝 멘트 + (B)강점2-3가지 + (C)클로징 멘트

(a) 안녕하세요. 오늘도 무더운 날씨 속 고생이 많습니다. 에어컨을 틀고 자면 춥고 끄고 자면 더워서 잠을 깹니다. 하루하루 잠을 제대로 못자는 날이 늘면서, 매일 더 피곤하고 힘들더라구요. 그래서 준비 했습

니다. 쿨 매트로 시원하고 건강한 여름 만나시길 바랍니다.

(B) 1. 전기세가 안 든다. 2. 건강하다. 3. 숙면할 수 있다.

(C) 가성비 최고인 무더위 열대야를 물리칠 여름의 특급 아이템 반드시 꼭 필요합니다.

내가 시험용 홈쇼핑 상품 프리젠테이션으로 준비 했던 내용인데, 실전 고객 상담에서 적용을 한 것이다. 고객 상담을 할 때 오프닝 멘트도 가벼운 스몰토크로 고객의 상태와 감정 선을 살피며 들어간다. 방송보다 더 좋은 점은 반응 없는 카메라의 렌즈가 아닌 실시간으로 반응 하는 실제 고객이라는 것이다. 고객들은 아주 다양한 감정 상태와 모습으로 매장을 방문한다. 그들의 감정에 영향을 미치는 것은 보통 크게는 날씨, 건강 상태, 특정 이벤트 등에 따라 달라진다. 또한, 어떤 성향을 가진 사람인지 빠르게 파악 할 수 있는 센스를 가지고 있으면 더 좋다. 긍정적인 사람인지 부정적인 사람인지에 따라 질문의 형태부터 달라야 한다. 그렇게 오프닝 멘트만 성공해도 고객의 마음은 반 이상 열리게 된다. 여기에 VIP 고객 대우를 더하면, 당신의 회사는 진정한 VIP 고객으로 붐비기 시작 할 것이다. 그렇게 각고의 노력 끝에 난 월수입 50만원에서 월수입 1000만원을 넘는 한 회사의 CEO가 되었다. 그 비밀의 법칙을 공유하고자 한다.

첫 번째는, 행복한 구매자의 법칙이다. 고객이 이곳이 행복한 공간이라 인식하게 하고, 구매 하고자 하는 서비스 또는 상품을 통해 내 삶이 더 좋게 바뀌는 것을 그리게 하면 된다. 실제로도 구매자의 삶이 더 행복하게 바뀌어 지면 된다. 상담하는 동안의 상담자는 고객이 정말 원하는 강력한 니즈와 숨겨져 있는 소극적 니즈를 분석해야 한다. 고객이 대놓고 말하고 싶지 않는 부분의 욕구도 있기 때문이다. 두 가지 니즈를 모두 충족 시켜줄 수 있다는 확신이 들 때, 고객들은 확신하게 된다. 그리고 지갑을 열게 된다. 그래서 성공적인 상담을 위해서 우리는 듣고 또 듣고 또 들어야 한다. 무의미한 질문들과 잘못된 경청은 그들의 마음을 닫게 하는 일등 공신이며, 우리는 우리가 원하는 답을 위해 적재적소의 질문들을 던져야 한다. 나는 수많은 경우의 시행착오를 통해, 많은 고객들을 확보할 수 있게 되었다.

두 번째는, 정직한 상담자의 법칙이다. 첫 단추를 잘 꿰어야 한다. 처음 계속 된 실패에 잠깐 허세 넘치는 포장된 영업 방식 또한 사용해 보았지만, 결과는 좋지 않았다. 고객 역시 진화 하고 있기 때문이다. 80-90년대의 고객 소비 패턴은 비싼 것이 좋은 것 이라는 인식이 있었지만, 지금은 고객이 가성비를 분석하는 시대이다. 내가 진실 되지 못하게 말을 꾸며내기 시작하면 내 스스로가 떳떳하지 않다고 생각하는 그 순간 고객은 듣지 않게 된다. 혹여 구매까지 연결되더라도 사기 당했다는 느낌을 받게 된다. 한 번의 구매는 있을지 모르지만, 두 번의 구매는 없다. 제공 가능한 부분과 불가능한 부분은 특히 더 명확히 해야 한다.

세 번째는, 사우나의 법칙으로 제일 강조하고 싶은 부분이다. 《컨테이저스 전략적 입소문》에서 저자 조나 버거는 이렇게 말한다.

"사람들은 타인에게 도움이 될 만한 유용한 정보를 공유한다. 이는 타인을 도와주려는 인간의 기본 심리에서 비롯된다. 다른 이들이 시행착오를 줄이고 더 나은 결정을 내릴 수만 있다면 잠시 내 할 일을 미뤄두고서라도 조언과 도움을 주게 된다."

내가 하는 일은 퍼스널 트레이닝으로 사우나 시설이 항상 같이 있었다. 사우나는 최고의 네트워크 장소이다. 고객들은 방금 전 받았던 기분 좋은 트레이닝을 공유하고 싶어 하며, 누군가의 '살이 빠졌다.' 혹은 '어깨가 펴졌다.' 등의 칭찬 한마디는 엄청난 파급력을 일으키게 된다. 고객의 네트워크에 집중해라. 꼭 사우나가 아니더라도 된다. 고객의 가족, 고객의 친구, 고객의 주변 사람들에게 고객 스스로 행복감을 공유하기 쉽게 만들어라.

이런 부분들을 이론적으로는 알고 있어도 실제로 활용하기 위해 노력하는 사람은 많지 않을 것이다. 어떤 이론이든 실행력으로 내 것으로 만들어야 한다. 그 실행력이면 굳이 많은 돈을 광고비에 쏟아 붓지 않아도 된다. 나는 이런 방법을 통해 더 많은 고객을 확보 할 수 있었고 현재 신나게 사업을 하고 있다.

'3의 법칙', 질문은 세 가지면 된다

"저는 오늘 여러분께 제 인생의 3가지 이야기를 말씀드리고자 합니다. 별 것 아닙니다. 그냥 3가지 이야기입니다."

애플의 창업자 스티브 잡스는 스탠포드대 졸업식 축사에서 이와같이 인생의 3가지 이야기로 졸업생들에게 많은 귀감이 되었다고 한다. 실제로 스티븐 잡스와 같이 위대한 연설가들은 '3의 법칙'을 즐겨 사용하고 있었다. 전문 쇼 호스트를 준비하던 시절에 배웠던 방법도 이 방법과 일치했다. 오프닝 멘트 후에 제품의 강점 세 가지를 말하는 것이었다. 세 가지는 덜 하지도, 더 하지도 않으며 고객들에게 강점이 확실하게 인식이 되고, 설득력을 높이는 효과가 있다.

나는 고객과 상담할 때 이 3의 법칙을 떠올리며, 단계별로 적용하고 있다. 고객을 처음 만날 때 상담자의 입장에서는 질문이 필수다. 그래야만 고객의 니즈를 파악할 수 있고, 대화를 하면서 고객들은 마음을 열기 때문이다. 처음 고객을 응대할 때 오프닝 멘트로 시작해서, 고객의 니즈를 파악하고, 내가 팔고자 하는 상품의 강점을 세 가지로 요약해서 말하는 식이다.

오프닝 멘트의 질문에 대한 고객의 대답만으로도 고객의 성향을 파악할 수 있다. 예를 들어, 처음에 고객을 만났을 때 마실 것을 권한다. 그랬을 때 반응은 세 가지로 나뉠 수 있다. "괜찮습니다. 마시고 왔습니다." 하면서 거절하는 대답을 하는 고객, "아무거나 주세요." 하는 중의적인 고객, "어떤 종류가 있어요?"라고 적극적으로 질문하는 고객이다. 그 질문에 대한 대답만으로 고객의 성향을 빠르게 파악하고 그다음 질문이 들어간다.

고객의 니즈를 파악하는 질문을 할 때도 세 가지만 집중 공략하는 것이다. 첫째는 고객의 삶에 있어서 부족함을 느끼는 부분이나 불편한 부분에 대한 것이다. 두 번째는 고객이 가장 변화하고 싶은 부분에 관해서다. 그리고 세 번째는 고객이 현재 가장 필요로 하는 부분에 관해 대화를 하면서 자연스럽게 질문을 할 수 있다.

예를 들어, 허리가 아파서 병원에서 필라테스를 추천받아서 알아보러 왔다고 하는 중년의 여성 고객이 방문했다고 하자. 친절한 응대로 오프닝 대화를 하고, 상담을 위한 공간으로 와서 착석을 한 상태다. "오늘 날씨가 참 더운데, 오시는 길 어렵지는 않으셨어요?"라고 질문으로 대화를 건넨다. 대부분 세 가지 반응으로 나뉠 수 있다.

A. 별다른 응답 없이 센터만 두리번거리며 둘러본다.

B. "네! 자세히 안내해 주셔서 쉽게 찾았어요"라고 반응한다.

C. "오늘 날씨 시원하던데요, 기계식 주차라 주차가 좀 불편하네요."

라고 하는 경우이다.

같은 질문을 던져도 상대방은 이렇게 다르게 반응을 한다. 이랬을 때 모두 같은 질문을 던져야 할까? 아니다. 상대의 반응에 따라 그다음의 반응과 질문은 당연히 달라져야 할 것이다. B와 같은 대답이라면 다음 대화로 넘어가기 아주 좋지만, A 혹은 C와 같은 대답일 때 등에서 식은땀이 송골 맺히는 것을 경험하게 된다.

A와 같은 반응일 경우, 경계심과 방어기전이 강한 상태 일 수 있기 때문에 유머를 적절히 사용하면 좋다. 예를 들어, 내가 운영하고 있는 센터는 채광이 굉장히 좋다. 그래서 두리번 거리는 고객을 만나면 "저희 센터 채광이 좋아서 비타민 D 생성이 많이 돼서 수강생 분들 뼈가 다 튼튼하답니다." 하면서 멘트를 던지면 대부분 경계심을 풀고 입가에 미소가 퍼진다. 고객의 입가에 미소가 번지는 순간부터는 대화를 풀어나가기 아주 좋은 상황이 된다. 각자의 상황에 맞는 센스있는 멘트들을 준비해서 상황에 맞게 말을 하면 좋을 것이다.

C와 같은 반응일 경우에는 고객이 NO라고 대답할 질문은 가급적 던지지 않는 것이 좋다. 대화가 조금 천천히 진행되더라도, 고객의 예상 답안을 생각하고 질문해야 한다. 나는 필라테스를 알아보러 온 고객의 예상 지출 희망 범위를 알아보기 위해 이와 같은 질문을 많이 쓴다. "운동은 어떤 종류 해보셨어요?"라는 질문이다. 이 질문은 최소 두 가지의 아주 중요한 정보를 알아낼 수 있다. 첫 번째는 평소 운동에 관한 관심이고, 두 번째는 고객이 지금까지 운동으로 지출하고 있는 고정 비용을 알 수 있다. 더 나아가서 "원래 가지고 계신 몸의 라인이 정말 예쁘시네

요! 운동 꾸준히 하신 몸 같아요. 어떤 운동을 해보셨어요?" 라고 칭찬까지 곁들이면서 질문을 하면 좋다. 칭찬은 고래도 춤추게 한다고 하지 않았던가!

B와 같은 반응의 고객은 적극적인 참여형으로 유쾌하지만 가볍지 않게 대화를 풀어가면 되지만, C와 같은 반응을 보인 고객은 유머와 같은 분위기를 좋게 만들어주는 멘트를 한다 해도 단답형의 답이 나올 가능성이 크기 때문에, 답을 길게 할 수 있는 질문을 하는 것이 더 좋다. "운동해보신 것 중에, 효과를 좀 보셨다고 생각하신 게 있으실까요?"라고 이어 질문을 하면, 고객의 답을 받아서 좀 더 세밀한 질문을 이어나가고 그렇게 자연스럽게 대화를 하면서 서로 신뢰를 주고받는 관계까지 형성할 수 있다.

C와 같은 반응의 고객은 섣불리 유머를 쓰게 되면, 요즘 말로 갑분싸(갑자기 분위기 싸해짐)를 경험할 수 있으니, 진지한 상담자로 시작해서 반응을 살피며 요리의 향신료와 같이 중간중간 첨가하는 것이 훨씬 효과적이다.

이제는 더 나아가 본격적으로 질문을 던져야 한다. 나같은 경우에는 "필라테스는 어떻게 알아보시게 되셨어요?" 라는 질문을 많이 사용 하는데, 이 질문으로 두세 가지 이상의 정보를 도출해 낼 수 있다. 첫 번째는 필라테스를 하고자 하는 이유이다. 고객마다 필라테스를 시작하려고 하는 이유는 다 다르다. 예를 들어 허리 통증, 다이어트, 유연성 등 다양한 답안들이 나올 수 있다. 이때 반드시 고객이 원하는 바를 분석한다. 이때 드러나는 것과 숨겨진 것까지 모두 파악할 수 있어야 한다.

두 번째로는 수많은 센터 중 우리 센터를 찾게 된 경위를 분석할 수 있다. 모바일 검색, 배너광고, 지인 소개, SNS 광고 등등 다양한 루트를 통해 고객이 방문하게 되는데 배너 광고나 간판은 같은 동네에 회사, 또는 주거지가 위치해 있을 가능성이 크다. 이를 통해, 조금 더 공감대를 형성할 소 질문을 만들 수 있기 때문이다.

상대의 니즈를 파악하는 질문을 하고, 대화가 순조롭게 이루어졌다면 본격적으로 내가 팔고자 하는 상품에 대한 강점을 어필해야 하는 단계가 온다. 사실, 요즘 어떤 분야든지 경쟁을 하기 마련이다. 그럴 때는 타 업체와 비교조차 어려운 나만의 강점을 이야기하는 것이 가장 좋다.

내가 운영하고 있는 사업장에서도 나는 3가지를 고객들에게 어필한다. '행복'을 키워드로 하여 '공간, 강사, 시설' 이렇게 세 가지 부분에 대한 장점을 말한다. 대부분 고객들은 이 강점을 듣고 많이들 공감해 주신다. 이렇게 본인이 팔고자 하는 상품이 있다면 3의 법칙을 사용해서 강점들을 정리해 놓는 것이 좋다.

전에는 몰랐던 사람이지만 그대로 남이 될 수도 있고, 대화를 통해서 서로 영향을 주고받는 관계를 형성해 나갈 수도 있다. 그 대화의 물꼬를 트는 건 질문이 결정한다고 해도 과언이 아니다. 질문을 할 때 당황하지 말고, 3의 법칙을 기억하자.

고객이 원하는 것을 스스로 말하게 하라

나는 영업 0점 트레이너였다. 나의 열정과 패기를 고객들에게 가감 없이 전달하면 고객들이 “당장 등록할게요.” 할 줄 알았다. 그러나 고객들은 내 맘 같지 않았다. 고객들의 동공이 흔들리고, 몸이 들썩거리며, 나와의 대화를 끊고 싶어하는 것을 직감적으로 느낄때가 많았다. 그러면 난 급한 마음에 속사포 랩처럼 상담을 하곤 했다. 이제와서 생각해보니, 고객들의 성품이 대부분 좋아서 다행이지 내가 고객이었다면 당장 자리를 떠났을 것 같다는 생각이 든다. 이와 같은 사례는 마음만 앞선 초보 상담가들이 흔하게 저지르는 실수이다. 그렇다면 초보 상담가들이 흔하게 저지르는 상담의 문제는 과연 무엇일까?

첫 번째는, 전달하기에만 급급한 상담 방식이라는 것이다. 전달에만 급급한 나머지 고객이 하는 이야기는 잘 들을 수가 없다. 듣는다 해도 고객이 진짜 원하는 것을 발견할 수 없다. 이런 유형은 전문가에게서 많이 나오는 형태로 말의 속도가 빠르며 보통 마음속 자만심도 동반한다. 이러한 상담 방식은 고객이 궁금한 것을 질문하는 천금 같은 기회를 끊는 실수도 만든다.

자신이 이런 상담을 하고 있다는 생각이 든다면 자신이 하는 말을 녹음해서 들어보도록 하자. 혹은 동료와 시뮬레이션을 해서 영상으로 찍어 보는 것도 좋은 방법이다. 스스로 내가 얼마나 행복하지 못한 상담을 하고 있는지 생각하고 보아야 한다. 조급하다는 생각이 들면 여유를 갖기 위한 대화를 하기 위해 노력해야 한다. 상담자가 조급하다는 것은 고객이 더 빨리 캐치하기 마련이다. 진정으로 자신감있는 모습으로 고객과의 상담에서 여유를 갖기를 바란다.

두 번째는, 고객이 아닌 상담자가 말의 주도권을 잡고 있다는 것이다. 말의 주도권을 잡고 있는 사람들은 절대로 좋은 멘트를 날릴 수 없다. 상담자가 말이 많게 되면 그만큼 말실수의 가능성만 커질 뿐이다. 고객이 말의 주도권을 가지고 말을 많이 하면 상담자는 거기서 중요한 정보들을 쏙쏙 거두기만 하면 된다. 그리고 그 정보들 속에 고객이 가장 원하는 니즈를 찾아 풀어나가기만 하면 된다.

잘 모르겠다면 진행의 달인인 유재석과 강호동의 토크쇼 방식을 분석해서 적용 시켰으면 한다. 유재석과 강호동은 패널들이 돌아가며 말의 씨앗을 뿌리면 그중 제일 크고 멋지게 자랄 건강한 씨앗을 골라주고, 톡톡 튀는 유머와 재치로 영양분을 준다. 그리고 패널들이 그 말의 씨앗을 키워 울창한 나무로 만들 수 있도록 도와주는 역할을 할 뿐이다. 우리는 그저 잘 키운 나무의 열매만 거두면 되는 것이다.

그렇다면, 좋은 씨앗을 찾는다는 것은 무엇일까? 그것은 바로 '질문'이다. 고객이 다양한 이야기를 더 많이 쏟아 낼 수 있도록, 적재적소의 상황에 유쾌한 질문을 던져 더 깊은 대화를 이끌어야 한다. 단, 여기서 주의할 것은 상담의 본질에서 벗어나면 안 된다는 것이다. 질문을 잘못 하면 목적 없는 대화가 될 수 있기 때문이다. 대화가 그저 수다로만 끝나게 하지 않기 위해서는 적절한 질문을 던져야 하는 것이다. 철저하게 고객에게 말의 주도권을 넘겨 주고 상담자는 진행을 한다고 생각하면 된다.

세 번째는, 경청의 부재이다. 말의 속도와 상담의 전개 속도가 빠르다는 것, 그리고 말의 주도권을 잡고 있는 것 자체가 경청의 부재를 의미한다. 예를 들어, 친구들과 모임을 한다고 생각해 보자. 나도 하고 싶은 말이 많은데, 친구 한 명이 대화를 독식하고 있다. 처음에는 동조하며 잘 들어줄 수 있지만, 나도 모르게 휴대폰을 보며 대화에서 자연스럽게 빠지게 되는 경험을 누구나 해봤을 것이다.

이처럼 경청은 굉장히 중요한 성공적인 상담의 요소이다. 잘 들어 주는 것만으로도 고객은 나의 상황에 집중하고 있고, 저 사람이 진짜 내 문제를 해결해 줄 수 있을지도 모른다는 생각을 하게 되는 것이다. 그리고, 고객은 더 많은 고민과 문제들을 말하기 시작한다. 그러면 반은 성공한 셈이다. 경청은 대화 박스를 열기위한 열쇠와도 같은 것이다.

단, 주의할 점은 맞장구치는 속도와 진정성이다. 경청에 잘못 학습화된 상담자 같은 경우 고객의 말이 끝나는 속도보다 빠르게 맞장구 멘트를 한다든지 내 말을 다 듣기도 전에 반응을 하게 되면 말을 제대로 듣지 않았다는 반증 밖에는 되지 않기에 진정성 있는 반응이 필요할 것이다. 기계적인 맞장구는 오히려 독이 될 수 있다.

위의 내용을 토대로 잘 되는 상담과 못하는 상담의 예를 들어보겠다. A는 상담자, B는 고객이다.

(예1)

A: 필라테스 해보신 적 있으세요? 필라테스는 조셉 필라테스가 만든 운동으로 정말 좋은 운동이에요. 필라테스를 하시면 회원님께서 가지고 있는 체형의 문제를 해결할 수 있어요. 필라테스 같은 경우, 정말 많은 업체들이 있는데요. 저희 회사 같은 경우 지금 가격 행사를 하고 있어서 정말 좋은 혜택에 이용해 보실 수 있어요.

B: 네

A: 필라테스는 단축 되어진 근육을 스트레칭하여 이완하는 효과도 있어요. 그리고 약화된 부분들은 강화시키는 동작들도 다양하고요. 필라테스 기구는 캐딜락과 리포머 그리고 체어라고 하는 대기구들이 있구요, 짐볼 이라던지 필라테스 링 그리고 세라 밴드라고 하는 소도구들도 있어서 다양하게 운동 해볼 수 있어요. 짐볼도 사이즈 별로 다양하구요. 그리고 필라테스 링은 조셉 필라테스라고 필라테스를 만드신 분이 맥주를 마시다가 맥주통을 보면서 고안해낸 도구인데 허벅지 안쪽을 강화하는데 아주 좋아요. 그리고 캐딜라과 리포머 그리고 체어는 조셉 필라테스가 세계대전 때 병사들을 재활시키기 위해 만들었는데 그래서 아주 가구 모양이랑 비슷해요. 기구에 붙어있는 스프링들도 역시 아주 탄성이 좋아서 운동하기 정말 좋아요.

B: 네

A: 네… 그래서 정말 좋아서 필라테스 하셔야 해요. 거기다가 저는

물리치료사라서 회원님 체형을 더 잘 알 수 있어요. 체형은 오다리가 심하시고 어깨도 틀어져 있고 많이 굽어 있어요. 앉은 자세도 구부정하셔서 도움이 되실 거 같아요.

B: 아, 네. 알겠습니다. 다음에 할게요.

A: 네

위의 대화는 실패를 부르는 영업 0 점 트레이너 시절 대화방식이다. 숨은 쉬고 말하는 건가라는 생각이 들 정도로 빠른 속도로 정보 전달에 급급한 방식이다.

(예2)

A: 필라테스 하셨던 몸매라인 같으신데요?

B: 정말요? 사실은 예전에 해보긴 했어요. 살이 많이 쪄서 부끄러워서 말 못하고 있었어요. 수영은 좀 꾸준히 하고 있는데 살은 잘 안 빠지는 거 같아서요. 근육 운동이 다시 필요할 것 같아요. 진짜 옛날에 했는데도 운동한 게 티가 나나 봐요? 호호.

A: 그럼요!! 모르셨어요? 근육 라인이 되게 탄탄하셔서 멀리서 봐도 운동하셨던 몸매 같아요. 꾸준히 하셨으면 저희 여기서 못 보았을지도 모르겠어요. 하하. 예전에 하셨던 센터는 없어졌나요?

B: 아니요. 그곳은 운동하기는 시설은 좋긴 했는데, 강사가 저와 맞지 않았었어요. 뭐랄까. 그냥 다 똑같이 단순하게 운동을 시키는 느낌이었거든요. 하고 나면 허리도 아프고 무릎도 아프고 그렇더라구요. 그래서 뭔가 더 전문적인 곳을 찾고 싶어서 이곳저곳을 찾아보고 있어요.

A: 그러셨군요. 정말 잘 오셨어요. 어디 또 다녀오신 데 있으세요?

B: 네! 사실 방금 전에 OOO 가서 상담을 받고 왔어요. 거기도 가격도 저렴하고 괜찮은 것 같아요. (절대 고객은 지금 상담하고 있는 곳이 더 마음에 들어도 처음부터 내색하지 않음) 여기는 가격이 어떻게되요?

A: 네, 가격이랑 자세한 내용 설명 더 해 드릴게요. 우선 가격도 가격인데요. 고객님 체형에 맞춰서 운동을 진행해주는 강사의 실력이 더 중요해요. 가성비라고 하잖아요. 만 원을 내고 십 만원의 효과를 보느냐, 만 원을 내고 천원의 효과를 보느냐 그 차이인 거 같아요. 정확한 상담을 위해서 고객님 체형 먼저 봐 드릴게요.

B: (체형 설명 중략) 앉아 계시다가 일어나시니까 오다리가 조금…. 살짝… 음… 도드라져 보이시네요. 스키니 입을 때 좀 신경 쓰이시겠어요.

A: 네. 그래서 스키니 대신에 통바지나 긴치마를 많이 입게 되는거 같아요. 저도 스키니 입고 위에 흰티 입고 그렇게 길을 다니는 게 진짜 평생 소원이에요. 다 커서 다리 휜 것도 좋아지나요? 얼마나 걸려요? 오른쪽이 더 휜 것 같죠?

B: 맞아요. 저도 예전에 그랬어요. 지금은 잘 입고 다니지만요. 잘 알고 계시네요! 오른쪽이 왼쪽에 비해 조금 더 휘셨어요. 하지만 차이가 그리 심하지는 않아요. 이거 운동하시면 정말 좋아지실텐데… 얼마전에 비슷한 상태의 저희 고객님 오셨었는데 정말 좋아지셨어요. 후기 사진 보여드릴까요?

상담자의 내공이 느껴지는가? 고객이 문제라고 생각하는 부분에 카리스마 있는 시선을 두고, 내가 저 부분을 위하여 엄청난 고민과 생각을 하고 있다는 정보를 주게 되면 고객은 더욱더 상담자를 신뢰할 수 밖에 없다. 그리고 고객의 문제를 먼저 이야기할 때는 조심스러워야 한다. 그것이 고객에게는 치명적인 콤플렉스였고, 그 콤플렉스로 인한 사연과 상처들이 많을 수 있기 때문이다.

한 예로 어떤 강사가 고객 체형 상담을 진행했는데, 불쾌하다고 하셨다. 이유는 자신의 체형을 설명해 주려고 자세를 따라 했는데, 너무 과해서 자기를 놀리는 기분이 들었다는 것이다. 누군가에게는 아무것도 아닌 일이 당사자에게는 대단히 큰 사건일 수 있다는 것을 간과하지 말자. 과한 것은 부족함만 못하다. 그 고객은 실패한 상담으로 끝이 났다.

'말하는 사람은 씨를 뿌리고 침묵하는 사람은 거두어 들인다.' 라는 말이 있다. 고객과 상담할 때 내가 항상 떠올리는 말이다. '씨'를 뿌리고 침묵하는 것이 바로 내가 생각하는 성공적인 고객 상담이다. 고객이 스스로 말하도록 유도하는 것, 그래서 많은 대화 속에서 진짜 고객이 원하는 니즈를 찾는 기술! 이것이 바로 매출로 이어지는 말의 씨앗인 것이다. 우린 그저 좋은 나무가 될 씨앗을 질문으로 골라내고, 물을 주어 무럭무럭 키워내면 된다. 적절한 경청과 유머는 아주 좋은 영양분이 될 것이며 좋은 열매를 가져다 줄 것이다.

상대방이 사용하는 언어로 대화하라(고객의 언어로 말해라)

"회원님 그동안 어떻게 사셨어요? 스파인의 럼바가 로도시스가 심하고 떠락씩이 카이포시스가 심하시네요. 럼바가 이렇게 되서 허리 페인이 심하셨던 거예요. 코어 운동을 꼭 하셔야 합니다."

내가 트레이너로 직장생활을 할 때 어떤 상사는 고객과 이렇게 상담을 했다. 상사는 좀 더 유식해 보이기 위해 영어를 섞어가며 상담을 했지만 고객의 표정은 별로 좋지 않았던 것으로 기억한다.

위의 내용을 바꾸어 말해보면, "회원님 그동안 몸이 좀 이곳저곳 아프셨겠어요. 허리는 원래 안쪽으로 잘록하게 들어가야 하는데, 정상보다 더 많이 안으로 쏙 들어가 꺾인 요추 전만이라고 불리는 상태이고요, 등은 원래도 뒤쪽으로 살짝 볼록한 형태인데 정상 체형 보다 훨씬 더 많이 뒤로 굽어져 있어요. 굽은 등 말린 어깨라고 많이 들어보셨죠. 그래서 허리 통증이 더 심하셨을 수 있어요. 척추를 감싸고 있는 근육을 튼튼하게 만들면 훨씬 더 도움이 되실 수 있습니다."

이제 위의 외계어가 해독이 되었는가? 우리 역시 아파서, 병원에 갔을 때 위와 같은 경험을 해보았을 수도 있다. 굳이 어렵게 말하지 않아도 될 상황에 뭔가를 과시하고 싶어서 일부러 어렵게 말을 하는 사람을 볼 수 있다. 하지만 진정한 고수는 어려운 언어를 사용하지 않는다. 상대방의 시선에 맞춰 말을 한다는 사실이다. 아주 쉽게 말이다. 어려운 이야기를 쉽게 말할 수 있는 것이 바로 능력이란 이야기다.

이제 교육 서비스, 의료 서비스처럼 우리 사회의 모든 분야에 '서비스'라는 말이 들어가는 것을 볼 수 있다. 내가 생각하는 서비스는 고객이 구매하는 상품 및 전문적인 형태의 행위에 유쾌한 경험을 더 하고, 즐거운 감정을 느끼게 하는 것이다. 아무리 고 퀄리티의 전문적인 서비스 일지라도 딱딱하고 불쾌하면 고객은 그 가치를 제대로 이해할 수 없다. 서비스를 할 때는 고객에 귀에 쏙쏙 들리는 쉬운 단어와 용어들을 써야 한다. 고객의 시선에서. 그리고 고객이 원하는 말을 해줘야 한다. 이것이 내가 뱉어내는 말의 흡수율을 높이는 가장 좋은 방법이다. 한마디 한마디 꽂히는 대화의 저격수가 되어야 한다.

하지만 나 역시도 위와 같이 상담을 진행했던 적도 있었다. 트레이너로 있을 때였다. 아무래도 높은 금액의 서비스다 보니, 의료직에 종사하는 고객 또한 많이 계셨었다. 하루는 정형외과 의사인 고객이 방문했다. 그분 역시 의학 용어가 편하다 보니 자신의 몸 상태를 설명할 때 어려운 의학 용어를 쓰며 질문을 하셨다. 나의 지식을 알아보기 위함과 표현의 용의성을 위함인 것 같았다. 이럴 때는 조용히 비장의 카드를 열어야 한다.

이런 경우, 같은 용어를 알고 함께 사용하는 것은 고객에게도 큰 신뢰로 작용을 할 것이다. 아는 척은 이럴 때 사용 하는 것이다. 사실, 고객들은 운동을 위한 목적으로 방문하였기 때문에 이런 용어를 모른다고 해서 실망하지는 않는다. 하지만, 알고 있다면 더 큰 강점으로 작용할 것이다.

앞서 제시한 예시처럼 고객이 사용하는 언어, 분위기를 함께 따라가다 보면 자연스럽게 동질감이 생기고 무의식적인 공감대가 만들어진다.

한 연구에 따르면 실제로 사람들은 말하는 사람의 말을 5% 밖에 알아듣지 못한다고 한다. 100단어를 말하면, 5단어를 알아듣는다는 이야기이다. 실제로 나 역시 강의를 하다 보면 앞에 있는 사람들의 동공이 풀리는 과정을, 그들이 수면 상태에 들어 가고 있는 중임을 느낄 때가 있다. 그리고, 어떤 날은 고객 상담이 기가 막히게 흡사 테니스 경기를 할 때 공을 주고 받는 것 같이 대화가 잘 오고 가지만, 어떤 날은 벽에다 대고 이야기 하고 있는 것 같은 느낌을 받을 때도 있다. 그런 날은 내 마음이 급해서 나도 모르게 단어를 생각 없이 뱉어내고 있는 경우가 많다. 말을 할 때는 전문 용어를 섞어가며 어렵게 말하는 것보다는 좀 더 풀어서 설명을 한다는 생각을 가져야 한다. 어린 아이에게 말을 해도 이해할 수 있게 말이다.

예를 들어 필라테스라는 운동을 설명할 때 "필라테스는 조셉 필라테스가 제2차 세계대전에 포로수용소에서 고안하여 만든 운동법입니다. 그래서 재활에 특화되어 있습니다."를 바꿔서 더 쉽게 이야기를 해 보는 것이다. "필라테스는 이 운동을 만든 할아버지 이름이에요. 그분이 전쟁 때 다친 병사들을 위해서 누워있는 침대에다 이것저것 달아보고 시도하다 나온 운동이랍니다. 그래서 당연히 허리 아픈 고객님께 딱 맞는 운동입니다." 이렇게 말이다. 명사는 가급적 동사로 풀어서 이야기하고, 생소한 단어 또한 그대로 쓰지 말고 풀어서 이해하기 쉽게 이야기하는 것이 좋다. 전문가처럼 보이지 않는 것 같다고? 지금 바로 실전에서 해보길 바란다. 고객의 눈빛이 달라질 것이다.

과거에 내가 고객 상담에 번번이 실패했던 또 하나의 이유가 있다. 나는 말의 속도가 나를 더 유능한 전문가처럼 보이게 만든다고 생각했었다. '고객의 질문에 누구보다 빠르게 누구보다 정확하게 말을 하면 다 나한테 운동을 배우고 싶겠지? 내가 진짜 전문가라는 것을 알겠지?' 라는 착각을 했었다.

하지만 말을 빨리 하는 상담 방법으로는 고객이 원하는 부분을 절대 찾아 낼 수가 없다. 이미 정해져 있는, 프로토콜대로 대답을 쏟아내기 때문에 고객이 어떤 부분에서 마음이 움직이고, 구매 욕구를 느끼는지 알아차릴 수가 없다. 1시간 넘게 상담을 해도 고객은 "다음에 할게요." 라는 말만 되풀이 할 것이다.

한번은, 엄마가 목이 아프다고 전화가 왔다. 나는 엄마가 현재 호소하는 목 통증의 원인에 대해 전문 지식을 총 동원하여 엄마에게 설명하기 시작했다. 아주 빠른 속도로 말이다. 엄마는 한참을 대꾸 없이 들으시더니, "오메, 하도 따다다다따 해서 뭔말이지 모르겠다이, 넌 참 앵무새 같다." 하셨다. 그때 난 망치로 머리를 한 대 맞은 기분이었다.

나는 내가 아는 지식을 총동원 해 빠른 속도로 엄마의 상태를 파악하고 그에 맞는 처방을 이야기해 주었다고 생각하고 있었는데 말이다. 더 나아가 말을 실수 없이 잘 끝냈다는 성취감에 만족하며 뿌듯해하고 있었다. 그때 나를 다시 돌아보게 됐다. 나는 말을 잘 한다고 생각하고 신나서 말을 했는데, 고객들은 알아듣지 못하고 알아들은 척을 하고 있지 않았는지에 대해 말이다.

그 뒤로 나는 고객을 상담할 때 항상 나의 말 습관을 점검한다. 말을 할 때 절대 서두르거나 조급할 필요는 없다. 고객의 고민을 들었을 때 충분히 고민하고 생각하고 다음 말을 연결해 나가는 것이 훨씬 효과적이다. 그래야 말 한마디 한마디에 진짜 진정성이 더해지고 힘이 실리게 된다. 그건 바로 고객이 사용하는 언어로, 고객이 듣고 싶은 말을, 고객의 입장에서 가장 듣기 편하게 말하는 것이다. 그렇게 상대방의 언어로 대화하며, 진짜 진정성 있는 상담이 되었을 때 고객은 신뢰를 하고 나를 믿고 지갑을 연다.

05

백 마디 말보다 하나의 가치가 진짜 결정을 만든다

나는 홈쇼핑 애청자이다. 드라마보다 홈쇼핑이 훨씬 재미있다. 그들이 말하는 이야기를 듣고 있으면 나도 모르게 빨려 들어가는 기분이 든다. 특히 맛깔스럽게 담긴 김치 방송을 할 때면 나도 모르게 침이 고인다. 쇼 호스트가 손으로 길게 찢어 한입에 말아 넣고 손을 쪽쪽 빨고 있는 모습이 나올 때마다 엄마가 보고 싶다. 그리고 갓 지은 따끈한 흰쌀밥이 생각나며 그 밥에 김치를 착 찢어 한입에 넣는 상상을 하게 된다. 콤콤한 젓갈내 나는 매콤하고 아삭한 김치의 향을 떠올리는 그 순간 바로 향수가 느껴진다. 혼자 힘들게 사는 처량한 내모습이 저 김치 하나로 밥을 먹으면 위로와 보상이 될 것만 같은 느낌이 들어 구매 버튼을 누르게 된다. 그렇다. 바로 이거다.

우리는 무언가를 구매할 때 저 김치에 쓰는 배추의 원산지와, 배추의 형태가 어떠하고 고춧가루를 얼마짜리를 썼으며 등급이 어떠한지, 어떤 공장에서 누가 만들었는지도 물론 중요하다. 하지만, 내가 직접 구매 버튼을 누르게 만드는 것은 그 어떤 조건적 사항이 아닌 김치를 찢어 입에 넣고 양념이 묻는 손을 쪽쪽 빨며 “캬” 또는 “크”로 터져 나오는 마음속 행복을 표현하는 쇼 호스트의 표정과 행동이다. 저걸 먹으면 나도 저렇게 행복해질 것만 같은 묘한 느낌 때문에, 혹은 엄마 밥상과 유사한 것으로 위로받고 싶은 내 마음 상태 때문에 구매를 결정하게 된다.

얼마 전, 충치 치료 목적으로 치과에 갔었다. 예약 시간보다 일찍 도착했던 탓에 대기 공간에서 기다리고 있었다. 두리번거리다 한쪽 편에 활짝 웃고 있는 여자의 사진이 있다. 밑에는 “더이상 가리지 마세요. 자신 있게 웃고 사랑하며 살아요.”라는 캐치 프레이즈를 건 미백 치료 10회 패키지 상품 안내였다. 멍하게 그것을 보다가, 난 화장실에 갔다. 갑자기 사람을 많이 만나는 나의 일하는 모습이 떠올랐고, 내 웃는 모습이 갑자기 궁금해져서 거울을 보며 사진과 똑같이 환하게 웃어 보았다. 미백 치료를 받으면 내가 더 자신감이 생길 것 같다는 느낌을 받았고 더 말을 잘하게 될 것 같다는 확신이 들었다. 나는 충치 치료보다 훨씬 더 비싼 미백 치료 결제 금액을 지불하고 기분 좋게 병원을 나왔다.

지불하고 나오는 길에 생각을 해 보았다. 홈쇼핑을 보다가 생각지도 않았던 김치를 구매하고, 충치를 치료하러 갔다가 치아 미백을 위한 결제를 하고 왔다. 나를 행복하게 해 주는 것, 그 욕구가 자극되어 그 가치로 인해 내가 그 상품을 산 것이다. 상품을 팔아야 하는 사람이라면 이걸 유념해 두어야 한다는 생각이 들었다. 상품의 성능, 혜택, 가격을 떠나서 사람들이 원하는 행복한 가치에 대한 욕구만 건드려주면 고객이 구매를 하게 되는 것이다.

이런 가치에 관한 내용을 가장 잘 설명할 수 있는 것은 바로 SNS가 아닐까 한다. 내가 카메라를 파는 사람이라고 해 보자. 1세대 마케터들은 N사의 블로그를 이용해 매장에 와서 구매하고 구매한 상품을 개봉한 뒤, 렌즈의 사양과 메모리와 작동 버튼을 구구절절 이야기한다. 밑에는 지도를 첨부하여 친절하게 오는 길까지 안내를 한다.

2세대 마케터들은 F사의 커뮤니티 채널을 이용하여 카드형식으로 사진들을 이용해 카메라의 다양한 각도의 사진들을 이용해 설명을 한다.

그렇다면, 3세대 마케터 들은 어디에 집중하고 있을까? 바로 I사의 SNS! 사진 하나만으로 수백만 사람들이 '좋아요!' 버튼을 누를 수 있게 하는 그 함축된 엄지손가락에 집중을 하고 있다. 무엇과도 바꿀 수 없는 사랑하는 아이와의 즐거운 순간을 찍고 있는 남편의 행복한 사진 한 장. 그려지는가? 누구나 그리며 바라는 행복한 가정의 모습이 바로 카메라를 사게 만드는 그 가치인 것이다. 마지막에 정말 더 사랑하고 싶다면 OOO 이라는 브랜드 명이 딱 들어가면, 그때부터 고객들은 OOO을 원하게 된다. 당신이 팔고자 하는 상품의 사람들이 원하는 진정한 가치를 찾아라. 상품을 팔지 말고, 그 가치를 팔라는 이야기다.

내 인스타그램은 청담동을 주 활동지역으로 하는 필라테스 강사의 일상 이야기다. SNS에 익숙하지 않은 사람이기 때문에, 그렇게 잘하지는 못한다. 풍만한 가슴을 어필하는 사진도 없고, 핫한 바디를 자랑하는 그 흔한 비키니 사진도 없다. 몇 장의 해맑게 웃고 있는 사진과, 책 사진, 고객의 비포애프터 사진 등이 다이다. 하물며 팔로우수도 그리 많지 않다. 하지만, 꾸준하게 메시지로 필라테스 문의를 받는다. 놀라웠다. 이런 #꼰대스타그램 에도 고객들이 반응하는 것이 너무 신기했다.

SNS 통해 오시는 고객들에게 대놓고 여쭤봤다. 제 인스타가 볼 것이 없는데 어떻게 결정하셨냐고, 어떤 부분이 가장 마음에 들었냐고 말이다. 그랬더니, 노출이 너무 심한 필라테스 강사의 몸이 예뻐서 그렇게 만들고 싶어 가봤었는데, 오히려 실망만 잔뜩 안고 필라테스에 대한 기대치 역시 많이 낮아졌다는 것이다. 그래서 필라테스를 그만할 생각까지 했단다. 그러던 차에 내 인스타에 전문성과, 사람 중심의 사진과 글 등을 보다 보니, 자기를 진짜 바꿔줄 수 있는 사람이라는 확신이 들었다고 한다.

가치의 트랜드 역시 변한다. 사회적 흐름도 중요하고 사람들 개개인이 느끼는 더 중요한 가치를 찾아야 한다. 필라테스 센터를 찾을 때, 운동 목적 설문지에 고객들이 가장 많이 체크하는 항목은 체형 교정이다. 대놓고 다이어트라고 하긴 쑥스럽고, 아픈 곳을 이야기 하기에는 병원보다 전문성이 떨어져 보이기 때문일 가능성이 크다. 하지만, 더 깊게 대화를 나누다 보면 그러한 숨은 니즈들이 보인다.

한번은 20대 후반의 직장인 여성분이 상담을 하러 왔다.

Q "제가 거북목이라고 하더라구요. 필라테스가 체형교정에 좋다고 해서 왔어요."

A "등을 펴고 목 뒤쪽의 근육들을 강화하면 거북목은 많이 좋아집니다. 하지만, 등과 목에 도톰하게 올라와 있어 목을 짧게 보이게 하는 살들까지 정리가 되서, 옷을 입었을 때도 태가 달라지실 거예요. 특히 목이 파인 티셔츠나 오프 숄더 원피스를 입었을 때 정말 바뀐 게 느껴지실 거예요."

Q "우와! 저는 목 뒤에 도톰한 게 뼈인 줄 알았어요!! "

A "네, 평상시 목 어깨도 많이 무거우시죠? 가끔 목이 삐끗하실 거 같기도 한데요. 괜찮으세요?"

Q "네! 안 그래도 한 달 전에 삐끗해서 너무 고생했어요. 근데, 저 아픈 거는 어떻게 아셨어요? 보기만 해도 아세요? 그럼 그것도 좋아지나요?

A: "네! 그럼요. 목뼈의 구조가 틀어지면 당연히 아플 수 밖에 없고, 반대로 목뼈의 구조가 좋아지면 안 아플 수 밖에 없답니다.! 필라테스는 정말 문제의 원인으로 접근하는 운동이에요. 일하실 때 계속 거슬리게 하는 통증도 달라지실 거고, 훨씬 개운한 아침을 맞이 할수 있을 거예요!"

고객의 표면적 니즈와 숨은 니즈의 발견, 그 니즈에 대한 가치를 전달하는 방법 이제 감이 오는가? 그렇다면 이제부터 다른 업체보다 몇천 원이 더 싸고, 혜택은 뭐가 있다는 상담은 그만하도록 하자. 고객은 진정으로, 자기를 더 나은 상황 또는 상태로 만들 수 있다는 가치에 확신한다. 백 마디의 말보다, 진짜 가치 하나가 고객의 결정을 만드는 것이다.

거절을 YES로 바꾸는 반전의 한마디

내가 직접 상담을 시작했을 때, 수많은 거절의 경험들은 아주 큰 성장의 영양분이 되어주었다. 물론, 처음엔 상처도 많이 받았다. 당연히 성공할 것이라는 자만은 그 상처를 더 크게 만들었다. 당연히 될것이라 생각하니, 상실감이 더 클 수밖에. 거절을 YES로 바꾼 반전 고객 상담 지금 공개하겠다.

첫 번째 케이스는, "더 비교해 보고 올게요. 혹은, 이곳이 처음이어서요." 라고 거절하는 고객이 있다. 이와 같은 경우는, 이 대답까지 나오지 않게 하는 것이 가장 좋지만, 이미 나온 이상은 억지로 붙잡아 두는 것은 독이 될 수 있다. 이런 경우는 최대한 회사에 대한 좋은 이미지, 그리고 고객을 단순히 세일즈 상대로만 보지 않는다는 이미지를 심어주는 것이 중요하다. 더 비교해 보고 온다는 말의 의미는 말 그대로 이곳의 장점은 충분히 알았으니, 다른 곳도 궁금하다는 의미 일 수도 있고 아니면, 이곳의 가격은 납득하기 어려운 가격이라 다른 곳의 가격도 궁금하다는 의미일 수도 있다.

첫 번째 경우라면, 최대한 좋은 이미지를 남기고 상담 내역을 잘 정리하여 고객의 문자로 보내드리는 것도 방법이다. 혹은 당일 결제 시 특별한 추가 혜택을 던지는 것도 괜찮다. 두 번째, 가격이 비싸서 혹은 다른 부분이 마음에 들지 않아서 다른 곳을 방문한다는 핑계를 대는 고객 같은 경우는 조금 급하게 클로징을 정리하려고 하거나, 혹은 클로징 시에는 상담 내용을 귀 기울여 잘 듣지 않는 느낌이 들 때가 많다. 이럴 때는 허심탄회하게 "제 생각으로는, 고객님께서 이 상품을 지금 이용하시는 것이 정말 최선이실 것 같은데, 어떤 부분이 마음에 걸리세요?" 라고 묻는 것도 한 방법이다.

두번째 케이스는, 무조건 가격부터 비교하려고 드는 고객이다. 오자마자 "이곳은 얼마예요?"라고 먼저 묻는다. 이럴 때는 가격을 먼저 말해주는 것도 고객의 감정을 상하지 않게 만드는 방법이다. 하지만 그 후에 진짜 상담으로 연결하는 것이 중요하다. 보통 나 같은 경우는 "대략적으로 가격선은 00-00입니다. 하지만 가격 보다 더 중요한 것은 그 가격이 얼만큼의 가치를 내는가 입니다. 저희 상품은 …." 이라고 자연스럽게 상담을 연결한다.

얼마 전 쌍커풀 수술을 상담받으러 간 적이 있다. 한 곳은 정말 싸다고 해서, 광고를 보고 간 곳이다. 상담도 꽤 나쁘지 않았다. 앞뒤로 환자들이 많아서 신뢰가 더 갔다. 50만원 이라고 했다. 또 한 곳은 수술 하나는 정말 잘한다고 해서 소개를 받고 갔다. 그곳은 200만원 의 비용을 부르는 것이 아닌가? 무려 4배의 차이가 나는 가격이지만 나는 200만원 짜리 쌍커풀 수술이 훨씬 더 끌렸다. 앞뒤로 마주치는 환자는 한 명도 보지 못했지만 원장님의 자신감 있는 목소리는 그 가치에 대한 기대를 증폭시켰다. 싼 게 비지떡이라고 하지 않았던가. 50만원의 쌍커풀 수술을 하면 왠지 재수술을 해야 할지 모른다는 두려움이 앞섰고, 실패할 것 같은 느낌이 들었다. 단언컨대 50만원 수술이 내가 생각한 만큼 못하지는 않을 것이다.

절대 가격을 비교하게 하지 마라. 가치를 비교하게 만들어야 한다. 철저하게 고객의 니즈를 파악하고 그 욕구를 가장 잘 해결해줄 상품이 바로 이것임을 강조해야 한다. 나는 저렴한 쌍커풀 수술이 아닌, 쌍커풀 수술을 정말 빠르게 회복하여 누구보다 내 것 같은 쌍커풀 라인을 만들어 줄, 그래서 내 외적 자신감을 높여줄 진짜 전문가를 찾고 있었다.

그럼에도 불구하고 정말 최선을 다해, 진심을 다해 상담을 했다고 생각했는데도 고객이 떠난다면 쿨하게 보내라. 단, 다시 돌아오기 쉽게 만들어라. 고객의 머릿속에 각인이 되었다면 상담 후 1년 뒤라고 할지라도 고객은 다시 방문하게 되어있다. 열정적인 상담자는 고객의 머릿속에도 깊게 남게 되는데 당장, 더 괜찮은 '조건'을 찾아가는 고객 일지라 해도 중간중간 문자를 보내는 센스를 발휘해라. 대신 너무 진부한 광고성 문자는 사양이다. 불특정 고객님에게 "행사 기간이에요."라고 말하는 것은 잠재 고객에게 신뢰를 떨어트리고, 업체 번호 차단까지 이르는 극단적인 결과를 낳는다.

"OOO 고객님, 날씨가 참 짓궂네요. 이런 날은 저도 몸이 찌뿌둥한데, 허리는 좀 괜찮으세요? 지금 바로 기지개 한번 켜고 즐겁게 일하세요!"

"OOO 고객님, 오늘은 날이 너무 더워서 모두들 몸이 늘어지는 거 같아요. 어깨 스트레칭 꼭 챙겨주세요."

"OOO 고객님, 점심 먹고 난 시간이라 졸리시겠어요. 커피 한잔은 두 잔의 물을 빼앗아 간다고 하니, 물 많이 드세요."

이런 맞춤형 안부 문자를 보내는 것이 훨씬 더 좋다. 또는 장기적으로 봐야 하는 고객이라면, 명절, 연말, 연초, 계절, 국가행사 등등 큰 이벤트 정도를 이용하는 것도 방법이다. 고객은 상담받을 당시에는 결정하지 못하였을지 몰라도, 이 정도 끈기와 성실함을 가진 상담자 라면 꽤 믿을만 하다고 여길 것이다.

지금 이 글을 읽고 있는 그대가 초보 상담자라면 끝까지 매달려 볼 것을 권장한다. 헝그리 정신의 세일즈 정신 또한 자신의 능력을 최대치로 이끌 수 있는 최고의 방법이기도 하기 때문이다. 이렇게 저렇게 다 해보고 난 뒤 자신만의 상담 스타일을 찾아라. 나의 경우 진지한 프로페셔널함으로 승부를 시작해서 시작할 때는 언제 그만둬도 이상 하지 않는 무능력한 초짜였지만, 지금은 백전백승 진정성 상담으로 승부하는 한 기업의 대표이사가 되었다.

이렇듯 이 글을 보고 있는 당신 역시 지금은 이리저리 차이고, 치이는 모난 돌멩이 같이 느껴질지 몰라도 모서리가 깎이고 또 깎이면 누구보다 더 빛나는 다이아몬드 같은 인생이 되어있을 것이다. 부디, 포기하지 말았으면 한다. 그리고 스스로에게 실망하지 않는 게 제일 중요하다. 당신보다 더 빛나는 가치는 이 세상에 없으니 말이다.

PART 6

유형별 스피치 처방전

_ 강은하

요즘 나의 말은 내가 선택한 습관의 결과

"나를 죽일 셈이여?" (헉! 어이쿠!)

"어! 딱 걸렸어! 사투리 쓸 때마다 오백원이라고 했으니까 벌써 천원! 하하하! 나 곧 떼돈 벌겠다!" (꺄르르)

SBS 예능프로그램 〈동상이몽2-너는 내 운명〉에서 배우 인교진, 배우 소이현 부부의 일상이 소개되었다. 충청도 출신인 배우 인교진 씨는 평소 사투리를 자주 사용했다. 느린듯하면서도 짧은 어미의 충청도 사투리는 인교진 씨의 매력을 더하는데 도움이 되기도 했다. 그런데 새로 맡게 될 배역의 이미지 변신을 앞두고 표준어 사용을 권하는 매니저의 특훈을 받으면서 사투리를 잠시 지워야 했다. 방송에서 인교진 씨는 아내에게 '표준어만 사용' 하겠다며 선포했는데, 5분도 채 지나지 않아 사투리를 쓰며 벌금을 적립(!)했기 때문이다. 농담조로 "나를 죽일 셈이'여'?" 라고 1차 실수를 했고, 이어서 딸을 위해 어린이용 풀장에 바람을 넣어주다가"다시 넣어야'것'다"라고 사투리를 사용했다. 방송을 보면서 시청자로 잠시 웃기도 했다.

하지만 스피치 코칭을 할 때마다 비슷한 고민을 털어 놓았던 얼굴들이 TV화면 위로 겹쳐지며 그 장면이 예사로 보이지 않았다. 위의 인교진 씨처럼 말에도 '지문'이 있다. 지우려고 해도 잘 지워지지 않는 말 지문. 그 사람만이 쓰는 말 습관이 있기 때문이다. 입으로 내뱉는 말은 물론이고 SNS에 올라간 글만 봐도 그 사람의 고유의 말 습관을 유추할 수 있다.

가장 자주 만나는 다섯 명의 얼굴과 목소리를 잠시 떠올려보자. 특히 공적인 자리가 아닌 사적인 자리에서 대화할 때 나누었던 그들의 말 습관을 떠올려보면 더 좋겠다. 가족, 일터, 자주 만나는 상점주인 등 누구라도 좋다. 자, 그들의 평소 말투들을 좀 더 자세하게 떠올려보자.

그 중 말끝을 유난히 흐리면서 문장의 마무리를 하지 않는 사람이 있는가? 또는 부사나 형용사를 자주, 화려하게 사용하는 사람이 있는가? 또, '정말', '사실' 등 강조하는 단어를 자주 사용하는 사람이 있는가? 결론을 바로 말하지 않고 빙빙 돌려서 말하는 사람도 있는가? 어디서 끊어야 할지 모르게 늘 서론이 긴 사람도 있는가?

이 예시들에 딱 들어맞지 않는다고 할지라도 머릿속에 떠올린 다섯 명이 모두 제각각 다른 말 습관을 가지고 있을 것이다. 말하는 메시지나 맥락에서도 각각 결이 다를 것이고, 전달하는 방식에서도 서로 다른 차이를 보일 것이다. 그 차이를 그 사람 고유의 말 습관이라고 생각하고 인지하고 있다면, 이미 당신은 '듣는 귀'가 열려있는 상태이다.

만약 그 다섯 명의 말투나 말 습관에 어떤 다른 점이 있는지 찾아내지 못했다면, 지금 이 부분을 읽고 있는 당신이 매우 피곤하거나 실제로 그들과 대화를 자주 나누지 못했을 수도 있다. 당신이 말 습관에 관심을 가지고, 말 습관 변화로 긍정적인 변화를 겪고 싶다면, 반드시 '자주 만나는 다섯 명의 말 습관 체크'를 꼭 해보시길 권한다. 타산지석(他山之石) 삼는 마음으로 주변 사람의 말결을 느껴본 후 자신의 말 습관 점검으로 이어지면 좀 더 쉽게 변화할 수 있다. 이런 작업 없이 자신의 말을 객관적으로 체크해보려면 더 어려워질테니 선행학습정도로 생각하면 좋겠다.

말은 쉽게 변하지 않는다. 어릴 때 외국어를 배우는 것과 성인이 되어 외국어를 배울 때 흡수하는 속도의 차이가 확연히 난다고 한다. 그것과 별반 다르지 않다. 우리가 매일 쓰는 한국어는 특히 더 어렵다. 이미 굳어져서 바꾸기가 쉽지 않은 것이 사실이다. 그럼에도 불구하고 원하는 방식과 목표대로 변할 수 있는 점은 말이 '유형이 아닌 무형'이기에 가능한 측면도 있기 때문이다. 다만, 지속적이고 쉬운 방법으로 꾸준히 내 생활 속에 베어들게 해야 원하는 방향으로 바뀔 수 있다.

나 또한, 아나운서 시험을 준비하던 대학생 시절에는 국어사전을 머리맡에 두고 잤다. 그리고 아침에 눈을 뜨자마자 국어사전의 아무 페이지를 펼쳐 그 페이지에 나온 장단음을 5분 동안 외웠다. 아침에 외운 단어들의 장단음을 기억하면서 하루 동안 정확하게 구사하려고 노력하면서 그날 만나는 사람들과 대화할 때마다 자주 사용하려고 노력했다. 매일 그렇게 반복했던 것이다. 그 노력의 결과는 현재 다양한 말하기를 코칭하고 교육하는데 큰 도움이 되었다. 그런 과거를 떠올리면 그렇게까지 해야 했었나 하는 생각도 들지만 그만큼 간절했던 것이다. 그리고 그 방법은 혼자 할 수 있는 가장 좋은 방법이었고, 가장 쉬운 훈련이었다.

아나운서는 세련된 언어를 구사해야 하는 직업 중의 하나다. 특히 다른 직업과 구별되는 것 중 하나가 장단음을 정확하게 알고 사용해야 한다는 점이다. 그래서 그렇게 익힌 학생 시절의 표준 단어는 20여년 가까이 지난 지금도 오롯이 '내 말'이 되었다. 여전히 후배 아나운서들에게, 제자인 방송인들에게 종종 우리말 관련 질문이 오는 것을 충분히 즐길 정도가 되었을 정도로 말이다.

표준어를 사용하는 것이 비표준어를 사용하는 것보다 분명 올바른 말하기이다. 직업상 반드시 사투리를 고쳐야 하는 것이 아니라면 크게 개의치 않아도 되겠지만 업무상 혹은 다른 이유로 말을 좀 더 세련되게 바꾸고 싶다면 각각에 맞는 연습훈련이 필요하다. 내 경우에는 뉴스를 전달하는 아나운서였기 때문에 이러한 방법이 필요했지만, 방송이 아닌 일반 직업이라면 국어사전이 아닌 각자의 상황에 맞는 다른 훈련으로 본인이 원하는 세련된 말 습관을 가질 수 있다.

평소 말수가 적은 편인데 갑자기 말수를 늘리려고 하는 것도 꽤 어려울 수 있고, 반대로 평소 말이 장황한 편인데 핵심만 딱 간추려 말하기로 바꾸기도 마찬가지로 쉽지 않을 것이다. 예능방송에서 자신의 사투리를 바꾸기 위해 일상대화부터 바꾸려 노력한 배우처럼 그렇게 생활 속에 스며들어야 바뀔 수 있다.

나는 아나운서와 성우로 활동하면서 동시에 스피치 강의를 해온 지난 10여년 동안 2만 명 이상의 사람들을 코칭해왔다. 대부분 코칭을 받고자 하는 사람들은 자신의 말 습관을 점검하고 말을 더 잘하기 위해 찾아온다. 그런데 중요한 건 핵심만 받아들이고 자신에게 적용할 수 있다고 자신하는 사람보다, 자신의 부족함을 깨닫고 매일 매일 점검하고 노력하는 사람이 금방 변화를 보인다는 것이다. 그것 또한 선택의 결과인 것이다.

요즘 나의 말 습관을 들여다보자. 내가 대화를 할 때 자주 사용하는 단어는 무엇인가? 부정적인 말을 자주 하는가, 긍정적인 말을 자주 하는가? 말을 할 때 전달하고자 하는 내용을 일목요연하게 말하는가? 지금 당신이 하는 말은 당신이 선택한 습관이다. 하지만 말 습관도 충분히 원하는 모습으로 바꿀 수 있다. 자신의 말 습관을 인지하고 바꾸려는 의지만 있다면 지금부터 시작이다.

02

스피치 전성시대,
당신의 말 경쟁력은?

그야말로 지금은 스피치 전성시대라고 할 수 있다. 자신을 표현해야 하는 시대이기도 하다. 그렇기에 자신의 말 습관을 들여다보고, 자신의 의견을 잘 전달하고 싶어 자신의 스피치를 점검하고 배우고자 하는 사람들이 늘어나고 있다.

우선, 현재 자신의 말하기 능력이 어느 정도인지를 먼저 살펴보고 그 출발점에 따라 쉽게 따라할 수 있는 지속가능한 스피치 처방전을 제시하고자 한다. 편안한 마음으로 다음 스무 가지의 체크리스트를 하나 하나 살펴보면서 자신의 현재 능력을 점검해보자. 지금 갖춰야 할 것은 그저 연필과 편안한 마음뿐이다.

〈스피치 체크리스트〉

여러 사람 앞에서 발표를 해야 하거나 공식적인 스피치를 해야 할 때, 다음 스무 개의 문항 중에서 자신이 해당하는 것을 모두 골라 체크해 보자. 한 번 이상 경험이 있었던 항목은 모두 체크해보자.

번호	항목	체크
1	남들 앞에서 대표로 말하는 것을 생각하는 것만으로도 이미 긴장된다.	
2	공식적인 스피치 (발표, 연설, 회의 진행, 행사진행 등)를 앞둔 전날 밤에 꼭 잠을 설친다.	
3	대표로 발표하지 않으려고 핑계를 대거나 궁리한 적이 종종 있다.	
4	공식적인 스피치 상황에서 나는 종종 손에 땀이 나거나 심장이 두근거린다든지, 얼굴이 빨개지는 등의 신체적 반응을 보이기도 한다.	
5	무대나 연단 앞에 서면 호흡이 가빠지는 편이다.	
6	공식적인 스피치 (발표, 연설, 회의 진행, 행사진행)를 하려고 하면 첫인사부터 온몸이 경직되거나 아무 생각도 나지 않는 편이다.	
7	대중 앞 말하기 상황에서는 평소와 달리, 때때로 발음이 제대로 안 되거나 엉킨 경우가 있다.	
8	여러 사람 앞에서 말할 때 말의 속도가 빨라지는 편이다. 혹은 그런 지적을 받았었다.	
9	여러 사람 앞의 말하기 상황에서는 입이 바짝바짝 마르는 편이다.	
10	해야 할 말을 잊어버리면 발표 도중 어지럼증을 느낀다.	
11	말하는 동안 매끄럽게 문장을 연결하지 못하면 스스로 답답하다는 생각이 든다.	
12	공식적인 스피치를 하는 동안 자료나 메모가 없으면 하기 어렵다.	
13	평소 대화에서는 그렇지 않은데, 공식적인 자리에서 발표만 하면 목소리가 떨린다.	
14	발표를 할 때, 모두가 나를 응시하고 있는 것 같아서 종종 긴장된다.	
15	발표를 하다 보면, 스스로 준비가 부족했다는 느낌이 드는 경우가 자주 있는 편이다.	
16	발표 시작이나, 발표 도중에 발표자인 자신이 긴장하고 있다고 청중에게 말한다.	
17	자신이 긴장하고 있다는 것을 남들도 알게 만든다. (비언어적 ; 목소리 떨림, 신체 움직임, 시선)	
18	발표를 하다 보면, 앞에서 내가 한 말을 종종 기억하지 못한다.	

19	내가 긴장하고 있다는 것을 청중이 자주 눈치를 채는 것 같다.	
20	제발 발표만 안 하면 좋겠다고 생각한다.	

당신은 몇 개의 항목에 체크하였습니까? 아래에 적어보고, 오늘 날짜도 함께 적어봅시다.

( )개 / 년 월 일

위 항목에서 스무 개를 다 체크 했다고 해서 실망하지 말자. 그만큼 스무 번이나 자신의 말하기 경험에 대해 깊게 생각하고 있다는 증거이다. 또한, '나는 한 두 개밖에 없는데…' 라고 생각하고 기뻐할 수도 있다. 세상에 흠잡을 곳 없이 말하기를 하는 사람은 흔하지 않다. 어떤 사람은 공식적인 발표에는 약한데 막상 평소 대화는 물 흐르듯 자연스러운 사람이 있고, 반대로 평소 대화에는 굉장히 소극적인 모습을 보이는데 대중연설은 잘 하는 사람도 있다. 물론 둘 다 잘하고, 둘 다 못하거나 어려워하는 경우도 있지만 말이다.

지금부터 독자들을 마주하고 있다는 생각으로 앞에서 말한 스피치 체크리스트의 해당 구간별로 처방전을 알려드리고자 한다. 이에 앞서 몇 가지 당부드릴 사항이 있다.

첫째, 다음 장부터 이어질 처방전들이 반드시 완전무결한 정답이 될 수 없다는 것. 이 장을 쓰고 있는 저자 역시 마이크를 잡고 방송해 온 방송인으로 17년, 더불어 겹친 기간 동안 기업과 대학교에 강의와 강연을 한지 10년이 되었지만 여전히 말하기는 어렵고 각 상황마다 조금씩 다른 준비가 필요하기 때문이다. 즉, 정답보다는 해답의 실마리로 삼아 주시길 간곡히 당부드린다.

둘째, 각 구간별 처방전은 혼자서도 연습이 가능한 방법 위주로 정리해서 제시하였다. 그동안 강의현장에서 2만 여명의 사람들을 대상으로 코칭했던 사례들 중 좋은 결과로 이끌어 낸 사례와 함께 독자 스스로 혼자서도 연습할 수 있는 방법 위주로 알려드리기 위해 애썼다는 점을 알아주시면 좋겠다.

셋째, 일단 저자를 믿고 따라해 보자. 해보고 변화가 없다면 다른 방법을 또 찾으면 된다. 말하기 실력을 키우려는 사람들 중 대개 오랫동안 성장 변화가 없는 경우는 코칭방법대로 온전히 따라하지 않았던 경우가 대부분이었다. 말하기 실력을 키우기 위해서는 어느 정도의 고집을 버릴 필요가 있다. 아니, 어쩌면 전혀 낯선 외국어를 처음 배우는 자세가 필요할 수도 있겠다. 당신이 당장 한 달 뒤에 면접을 봐야하는 취업준비생일 수도, 그리고 세일즈를 해야 하는 영업사원일 수도, 그리고 다음 주에 주례를 서야 하는 어르신일수도 있다. 또 개인 유튜브 채널에서 활동하는 크리에이터일 수도 있다. 어떤 말하기 상황이라도 꼭 필요한 기초훈련은 누구에게나 적용할 수 있기에 후반부에 제시한 3주 훈련법대로 잘 따라한다면 21일 뒤 달라진 자신을 발견할 수 있을 것이다

자, 그럼 이제 오롯이 저자와 당신만이 이 책을 사이에 두고 앉아 있

다고 상상하자. 그리고, 당신이 앞서 체크한 항목이 모두 몇 개였는지 다시 살펴보고 해당 구간으로 책장을 넘기자. 스무 개에서 열 여섯 개를 선택했다면 02로, 열 다섯 개에서 여섯 개에 체크했다면 03으로, 그리고 다섯 개 이하를 선택했다면 03장으로 이동해서 각각에 맞게 훈련법을 설명한 처방전으로 이동해보자. 당신의 말하기 실력이 조금 더 좋아지길 진심으로 응원한다.

말하기가 두려운 당신을 위한 3주 처방전

〈1주차 처방전〉

1) 당신의 말하기 실패 경험을 살펴보라

우선 당신이 정말 말하기 자체를 두려워한다면, 이렇게 묻고 싶다. 당신의 말하기 경험이 얼마나 있느냐고. 대부분 말을 조리 있게 잘하는 사람일수록 대표성을 띤 공식적인 상황에서 말해 본 경험이 무수히 많은 경우가 대부분이다. 태어날 때부터 언어중추가 발달한 사람도 있지만, 가족들의 분위기가 서로 자주 이야기하고 그 이야기에 대해 자유롭게 발언할 수 있는 기회가 주어진 경우가 많다. 즉, '조용한 가족'이 아니었다는 것.

반대로 살펴보면, 말하기가 두려운 경우, 굉장히 엄한 분위기 때문에 식사시간조차 가족 사이에 대화가 적은 경우에서 주로 지냈거나 또는 늘 더 주목받는 형제나 자매가 있었을 수도 있다. 자, 이렇게 꼭 유전적이거나 심리적으로 접근하지 않아도 된다. 다만 이렇게 당신의 말하기 경험에 대해서 떠올려보는 것으로 충분하다. 비록 그 회상이 당신을 다시 괴롭게 만들지라도 말이다.

아마도 이 장을 펼친 당신이라면, 지푸라기 잡는 심정으로 책을 열었을 것이다. 그리고 스피치 코칭센터 등을 방문하기에도 쑥쓰러워 했을 가능성이 크다. 그러나 이 작업은 반드시 필요하다. 다음의 예시를 참고해서 당신의 말하기 실패 경험을 크게 세 가지 떠올려보고, 그에 맞춰 이유를 함께 찾아보자.

· 말하기 실패 경험 살피기 예시 ·

	때와 장소	나의 상황	나의 기분
1	학생시절, 강의실 과제 발표상황	첫 인사후 다음 해야 할 말을 몽땅 잊어서 다음 사람이 먼저 발표하고 나중 순서로 다시 발표했었다.	밤새 준비했는데, 왜 두 마디 이상 못했는지 스스로 실망했었고, 창피한 기분마저 들었었다.

	때와 장소	나의 상황	나의 기분
1			
2			
3			

자, 말하기 실패 경험 세 가지 모두에 겹쳐지는 증상이 있는가? 주로

신체적인 증상 때문에 당황했었던 경험이었는가? 아니면, 처음에는 잘 하다가 중간부터 막혔던 경험인가? 하나씩 살펴보자. 신체적인 증상이란 이렇다.

얼굴이 빨갛게 되어서 보는 사람도 걱정하게 만들었다?

손에 땀이 나서 들고 있는 펜이 미끄러질 정도였다?

다리가 후들후들 떨렸었다?

목소리가 작아지고 알아듣기 힘들게 중얼거리거나 목소리의 떨림이 청중에게 전해졌다?

앞서 02장의 스피치체크리스트에서도 주로 신체적인 반응에 해당한다고 표기했을 것이다.

먼저, 신체적인 반응이 주로 나타났거나 혹은 세 번의 실패경험 모두에 '신체적 반응 표출'이 해당된다면 가장 먼저 드릴 처방전은 '절대적으로 평소 말하기 경험을 무조건 늘려야만 한다'는 것이다. 신체적인 반응이 일어난다는 것은 뇌에서 실패한 경험, 혹은 낯선 경험에 대해 거부감이 일어나기 때문이다. 거부하고 싶은 그 상황을 이겨내고 잘해내고 싶은 의지보다 포기하고 싶은 마음이 더 앞서기 때문이라고 볼 수 있겠다. 따라서 이렇게 신체적인 증상을 나타내는 경우는 기본적으로 대중스피치의 말하기 경험이 현저히 적거나, 한 번 크게 실패한 이후 극복하려는 노력을 기울이기보다 오히려 그런 기회가 주어졌을 때마다 피하려고 했을 가능성이 높다. 또한 직접 코칭했던 사례 중에는 시중에 파는 청심환 등의 약에 의존하려고 하는 경우도 흔하게 볼 수 있었다.

2) 당신의 말하기 연습방법을 점검하라

그렇다면, 이런 반응이 나타난 경우의 하루 전까지 어떻게 연습했는지부터 살펴볼 필요가 있다. 연습방법이 잘못되었다 보니 자신이 말해야 할 내용을 완전히 숙지하지 못했을 가능성은 더 높다. 어느 정도 마무리까지 잘 말할 수 있다는 것은 숙지를 넘어 숙달의 단계인데, 가장 기초적인 숙지 단계가 이루어지지 않았으니 안타깝게도 그 발표가, 그 면접이, 그 주례가, 그 연설이, 그 회의가 잘 되었을 리 없다. 구체적인 처방전에 앞서 숙지와 숙달의 개념부터 짚고 넘어가 보자.

숙지는 '熟知'로 '충분히 앎'의 뜻이다. 숙달은 '熟達'로 '익숙하게 통달함' 이란 뜻이다. 즉, 숙지는 혼자 알고 있는 정도로, 숙달은 남에게 설명할 수 있을 정도로 몸에 익힌 정도로 설명할 수 있겠다.

경기도경제과학진흥원에서 주관한 수요 인문학 콘서트의 MC로 활동하고 있었을 때, 미국인이면서 방송 활동을 활발하게 하고 있는 타일러 씨가 강연자로 왔었다. 그의 강연이 끝난 후 질의와 응답을 주고받는 시간에 객석에서 이런 질문이 나왔다. '어떻게 하면 타일러씨 처럼 외국어를 잘 할 수 있나요?'라는 내용이었다. 이때 타일러씨는 유독 한국인들이 영어 공부를 오래 하면서도 잘 못하는 이유를 '숙지'와 '숙달'을 들어 설명했었다. 무릎을 칠만한 정확한 비유이고 설명이었다. 영어를 못하는 한국인 대부분 책으로만 공부하고 직접 말할 기회를 많이 갖지 않기 때문에 숙달의 과정을 거치기가 어렵다는 것이었다. 외국인에게 숙지와 숙달의 개념을 배우다니! 이보다 명쾌한 설명이 또 있을까 싶다. 그날 이후 '숙지와 숙달의 차이'를 자주 인용해서 설명하고 있다. 이 지면을 빌어 타일러씨에게도 감사를 전한다.

취업시즌 각 학교에서 모의 면접을 진행할 때였다. 15분 정도의 시간을 주고 차례차례 나와서 1분 자기소개와 지원동기, 직무 강점, 입사 후 포부 등을 모의 면접 형태로 진행하는 방식이었는데 이 구간의 학생들은 하나같이 연습시간 15분을 이렇게 보낸다.

미리 써온 자신만의 대본(!)을 입으로 소리 내지 않고 그대로 '눈으로만' 읽어 내려간다. 또는 노트북을 켜고 화면을 보면서 '눈으로만' 훑어 내려간다. 이쯤 되면 무슨 말을 하려는지 감을 잡으셔야 한다. 그렇다! 입을 열어 입 밖으로 소리 내지 않는다. 이렇게 하는 연습은 앞서 설명한 '숙지'도 아니고 '숙달'로도 연결되지 않는다. 더 거친 표현을 쓰자면, 제대로 된 연습이 아니라는 뜻이다. 연습부터 잘못 되었기에 앞에 나서면 머릿속이 백지장이 되어버린다.

당신은 어떠한가? 당신도 어떤 발표나 공식적인 스피치 상황을 앞두고 그런 방법을 택하지 않았나? 이 방법은 그렇지 않아도 긴장되는 상황을 더 긴장하게 만드는 지름길이다. 면접 상황에는 방송에서처럼 대본을 보여주는 프롬프터도 없고, 자막을 보여주지 않기 때문이다. 즉 하고자 하는 말의 맥락을 숙지하고, 입으로 내뱉어보는 숙달이 필요한데 그 두 가지를 완전히 생략하고 눈으로만 하는 연습방법은 오늘부터 과감히 버리자.

이번 1주차는 연습방법부터 바꾸는데 목표가 있다. 평소 상점에서 물건을 살 때도, 음식점에서 주문할 때도 한 두 문장씩 더 말하도록 말하기 상황의 시간을 늘려보자.

3) 당신의 말하기 대본 다섯 가지를 마련해보라

자신이 해야 할 1분 분량의 스피치가 있다고 하면 우선 글로 적어보자. 적은 글들은 가급적 주어와 서술어가 하나인 단문으로 모두 바꾼 후 각 문장마다 중요하게 생각하는 키워드에 형광펜으로 표시해두자. 표시한 형광펜 단어 중에서도 전체 맥락에서 가장 중요한 것을 3가지만 다시 동그라미로 한 번 더 표시해보자. 그리고 1분이 아닌, 15초 정도로 내용을 줄여야 한다면, 내가 해야 할 단 두 문장은 무엇일지 추려보자. 자, 이제 보이는가? 당신이 준비한 1분 스피치에서 절대 빠지지 말아야 할 두 문장, 그리고 가장 중요한 세 단어!

자, 이렇게 다양하게 다섯 가지 버전을 만들어보고, 위의 방법대로 모두 적용해보자.

면접을 앞둔 학생이라면 1분 자기소개 / 지원동기 / 직무 강점 / 선택한 직무가 속한 산업에 대한 관심 / 입사 후 포부 의 각 1분정도의 내용이 좋겠다. 각각의 1분을 문장으로 옮겼을 때, 일곱 줄에서 아홉 줄 정도가 적당한 속도의 빠르기로 말할 수 있는 적정한 양이다.

세일즈를 하는 영업사원이라면, 소개할 상품에서 꼽는 강점 두 가지 / 상품을 선택한 다른 소비자의 사례 두 가지 / 반드시 추천하는 이유 / 자신의 소개 / 기업의 소개

이렇게 일주일동안 수시로 각각 준비한 1분 분량 스피치의 다섯 가지 내용이 완벽하게 '숙지'되었다고 하면 다음 주 연습방법으로 넘어가자.

〈2주차 처방전〉

매일하는 연습량을 최대한 늘려보자

"우선 청중과 소통하는 데 자신감을 갖기 위해서는 스피치 내용을 미리 준비하고 반복해서 연습하는 것이 바람직하다. 스피치 트레이너인 낸시 듀아르테(Nancy Duarte, 2008)는 한 시간짜리 스피치나 프레젠테이션을 하기 위해 36시간에서 90시간을 준비하라고 충고한다. 스코트 슈웨트리(Scott Schwertly, 2011)는 스피치를 적어도 8번 연습하라고 충고한다." 《감성과 신뢰의 스피치기법》 김은경 , 송기인 (2014) 커뮤니케이션북스

말하기 노하우를 서술한 많은 책에서 연습량을 늘리라는 주문을 한다. 기초가 부족할 때는 단연코 연습량을 우선 늘리는 것이 중요하다. 연습을 해봐야 어떤 점이 구체적으로 부족한지도 알 수 있고, 반복되는 실수를 찾아내어서 집중 훈련도 할 수 있다. 단지 중얼거리고 혼자 읊조리는 것으로 그쳐서는 훈련이 되지 않는다. 1주차에서 해야 할 말에 대한 다섯 가지 항목으로 나눈 내용이 잘 숙지되었다면, 이제 다듬어서 체화시키고 '숙달'시키는 단계가 남았다. 문장을 깔끔하게 말하지 못하고 버퍼링 걸린 것처럼 버벅대도 괜찮다. 당신이 전달하고자 하는 단 두 문장만 천천히 잘 말해본다는 마음으로 임해보자. 이번 주에는 매일 20분의 시간을 확보하는 것이 우선이다. 준비되었는가?

숙달의 훈련의 시작은 이렇다. 휴대전화를 꺼내서 당신의 1분 스피치를 녹화해보자. 이때 주의사항은 소위 '셀카모드'로 녹화하지 않아야 한다는 것이다. 녹화도중 자신의 움직임과 표정이 보이면 중간에 멈추고 다시 하려고 할 것이다. 그렇게 하다보면 불필요한 시간이 누적되고, 효율적인 연습으로 이어지지 못한다. 즉, 화면이 보이지 않게 후면 카메라로 녹화하되, 허리까지의 상반신이 모두 보이게 녹화해보자. 녹화할 때 지난주에 준비한 1분 스피치 원고를 보지 않고 해야 한다. 숙지를 잘 한 스스로를 믿고 일단 녹화부터 해보자. 녹화가 끝난 뒤 총 세 번의 모니터링이 필요하다. 첫 번째는 음소거로 바꾼 후 시선과 시각적인 요소만 우선 확인하자. 기준은 다음의 다섯 가지이다.

1) 불필요하게 눈을 자주 깜박이는가?

2) 고개를 자주 숙이거나, 시선이 대각선 방향으로 자주 움직이는가?

3) 지나치게 손 움직임이 산만하게 많은가?

4) 입 모양이 웅얼거리듯 부정확하게 움직이는가?

5) 자세가 올바르지 않고 삐딱하게 서서 말하는가?

하나씩 살펴보면, 1)부터 3)까지의 경우는 진짜 완전하게 '숙지'가 안되었을 가능성이 높다. 무언가 생각이 나지 않을 때 시선을 대각선 방향으로 뜨기 때문에 문장을 이어가거나 다음 말을 생각할 때 생각이 나지 않았기 때문이다. 또한 손 움직임이 산만하게 잦은 경우는 말로만 설명하려니 잘 안되어서 손 움직임으로 그 문장을 대신 표현하려고 했을 것이다. 따라서 1)부터 3)까지 해당되었다면, 앞에서 설명한 숙지의 단계를 다시 정확하게 연습해야 한다. 그것이 우선이다. 그리고 4)의 경우처럼 웅얼웅얼하는 경우는 평소 습관이 반영된 유형인데 주로 모음을 정확하게 발음하지 않을 때 나타나다. 이렇게 말하게 되면, 모음이 어두운 음가('ㅏ' 가 'ㅓ'처럼 발음되는 경향)로 발음되기 때문에 핵심 단어가 매끄럽게 전달이 되지 않거나 대충 말하듯이 보일 수 있다. 5)의 경우는 1)부터 4)까지 잘 되지 않는 상황이고 불편함을 이기기 위해 자신이 평소에 가장 편한 자세를 취하게 된다. 곧고 바른 자세만으로도 말하는 이가 좀 더 자신감 있어 보일 수 있으므로 자세부터 바꿔보자.

요약해서 정리하면, 곧고 바른 자세로 핵심단어의 정확한 모음 구사를 하면서 숙지한 원고를 다시 말해보자. 자, 두 번째 녹화 단계이다. 15분 정도 연습 시간을 한 번 더 가진 후 다시 녹화해보고 같은 방법으로 모니터링하되, 이번에는 소리까지 함께 들으며 모니터링해보자.

두 번째 녹화한 후 모니터링할 때 특정한 어떤 문장에서 계속 브레이크가 걸린다면, 그것은 자신이 평소 쓰지 않는 문장의 형태이거나, 말로 옮기기에 어색한 문어체일지 모르겠다. 맥락은 같되, 보다 쉽고 편한 단어로 바꿔서 말해보자. 그것만으로도 버벅거리는 버릇을 현저하게 줄일 수 있다.

세 번째 녹화에서는 자신이 말한 문장을 그대로 받아쓰기 해보자. 처음에 준비한 원고와 조금 달라져도 괜찮다. 원고 그대로 통째 외워서 하는 말하기는 쉽지 않을뿐더러 오히려 어색함을 증가시킬 수 있기 때문에 권하지 않는다. 핵심 문장과 핵심단어만 바뀌지 않는다면, 전체 맥락은 바뀌지 않을 것이다. 받아쓰기를 해보면, '이 순간 내가 이런 단어를 자주 내뱉는구나' , '원래 쓰기형태로 준비한 원고에서는 이렇게 표현하지 않았는데, 말로 해보니 이렇게 편한 단어로 바뀌는구나'하고 스스로 말하기 습관을 점검할 수 있게 된다. 그렇게 오롯이 준비한 원고가 있어야 쉽게 숙달하는 단계로 이어갈 수 있다.

〈3주차 처방전〉

자신감 장착 완료! 이제 실행할 뿐

이제 당신은 숙달이 체화되는 단계에 왔다. 1주차의 숙지 단계가 2주가 걸렸을 수도 있고, 1-2주차의 단계가 한 달 넘게 소요되었을 수도 있다. 그래도 이 장까지 잘 따라와준 당신께 박수를 보낸다. 3주차 단계에 오기까지 딱 3주째가 되었다면 더 큰 박수를 보내고 싶다.

이 단계까지 오기가 가장 어렵다. 중간중간 제대로 성장하지 못하는 스스로를 발견하면서 어쩌면 좌절했었을수도. 하지만 이겨내고 여기까지 스스로를 믿고 따라와 준 그 힘이 앞으로 말하기 실력을 더 향상시키는데 큰 힘이 될 것이다.

이번 3주차는 조금 더 쉽다. 1주차에 마련한 말하기 원고를 2주차의 방법대로 모니터링을 하되, 각기 다른 시간에 녹화해보자. 다시 말하면, 매일 일정한 시간에 녹화해서 모니터링하지 말고, 다양한 시간대에 해봐야 한다. 월요일은 저녁 무렵에 훈련했다면, 화요일은 낮 시간에 해보고, 수요일은 아침 일찍 해보는 식으로 각기 다른 시간대에 해보는 것이다. 이 작업은 자칫 로봇처럼 외우듯이 읊조리는 스피치를 방지하기 위함이다. 또한 어느 시간대에도 잘 할 수 있도록 적응력을 키워주는 훈련이다.

두 번째는 준비한 순서대로 원고 1번 다음 원고 2번을 연습하는 식이 아니라 총 다섯 가지 버전의 원고가 있는 당신은 (1-2주차를 잘 따라온 당신이라면) 5-3-2-1-4번의 원고 순으로, 혹은 2-4-3-5-1의 순서로 섞어서 순서대로 연습하지 않아야 한다. 예를 들어 늘 듣는 음악 플레이 리스트가 바뀌지 않을 때 다음 곡이 무슨 곡이 나올지 연상해서 이미 그 곡을 흥얼거린 적이 있는가? 그렇게 플레이 리스트를 바꾸지 않을 때 익숙함은 얻을 수 있지만, 익숙하지 않을 것에 대한 대처 능력은 떨어진다. 말하기는 대처 능력이 필수이다.

준비한 원고 다섯 가지 버전은 서사적으로 연결되어야 하는 내용이 아니므로, 다양한 순서의 경우의 수로 바꿔서 연습해보는 것이 좋다.

이 훈련이 어느 정도 지속된 이후에는 실제 자신이 공식적인 말하기 상황의 같은 시간대에 연습하는 방법을 권한다. 마치 수능을 앞두고 오전에는 언어영역을, 오후에는 외국어 영역을 공부하는 수험생 모드와 같다. 실전과 같은 시간에 연습하면, D-day에 능력 200%를 발휘하는 자신을 발견하는 기쁨을 맛볼 수 있다.

저자가 제시하는 21일 훈련법을 각 주 단위별로 믿고 따라했는가? 이제 당신은, 적어도 당신이 준비한 내용에 대해서는 숙지해서 말할 수 있게 되었다. 지금까지는 3주나 걸렸지만, 이런 훈련방법이 반복되면 익숙해져서 연습의 가속도가 붙게 된다. 처음 3주가 걸렸던 사람이 반복 훈련 후에 3일 만에 연습과 준비를 마치는 경우를 그동안 많이 봐왔다. 당신의 연습에도 가속도가 붙길 진심으로 응원한다.

말하기가 만족스럽지 못한 당신을 위한 3주 처방전

일선에서 강의를 하거나 코칭 할 때면, 늘 이 구간에 있는 사람이 가장 '위험하다'고 종종 얘기했었다. 왜냐하면, 주어진 상황에 따라, 자신의 컨디션에 따라 성공한 스피치를 했느냐, 실패한 스피치를 했느냐에 영향을 가장 많이 받는 유형이기 때문이다.

조금 더 구체적으로 말하면 자신이 준비할 수 있는 시간적인 여유와 주제라면 능력을 100퍼센트 발휘할 수 있지만, 시간에 쫓겨서 준비해야 하거나 반대로 잘 알지 못하는 주제를 맞닥뜨리게 되면, 전혀 다른 사람처럼 능력의 반도 못 펼치는 경우를 자주 봤다. 거듭 말해서 주변 상황에 영향을 가장 많이 받는 유형이다. 앞의 03에서 살펴본 유형들은 스스로 자신이 많이 부족하다고 여기기 때문에 준비 시간을 최대한 많이 확보하려고 하거나 오히려 포기하며 아예 나서지 않는데, 이 구간의 유형들은 '잘하진 못하지만 할 수는 있는' 상태이기 때문에 세밀한 부분까지 미처 챙기지 못하고 당일 상황에 따라 당황하는 경우로 연결되는 경우를 자주 볼 수 있다. 외부 요인에 영향을 가장 많이 받는 것이다. 그래서 늘 스스로에게 만점을 주지 못하는 유형이다.

〈1주차 처방전〉

수치로 기록하라

영화나 드라마 볼 때 어색한 연기를 하는 배우를 보고 소위 이렇게 표현한다. "어머, 저 배우 왜 이렇게 연기를 못해, 캐릭터에 집중이 안 되네..." 반면, "저 캐릭터는 저 배우에게 딱 맞춘 정장같아" 라고 평가하기도 한다. 당신의 말하기를 다른 사람이 본다면, 어떻게 평가할까? 굳이 점수를 매긴다면 몇 점을 주게 될까? 열 다섯 개에서 여섯 개 사이를 체크한 이 구간에 있는 유형이라면 자신을 객관화하는 작업이 가장 중요하다. 스스로를 어떻게 객관화할 수 있을까, 그건 불가능이 아닐까라고 생각할 수 있지만 눈에 보이게 객관화할 수 있는 방법은 있다.

스포츠 훈련팀이 선수들의 경기력을 향상시키기 위해 항상 하는 작업이 있다. 경기를 녹화한 화면을 보며 선수들의 움직임을 초 단위로 분석한다. 그리고 그 움직임에 따라 실수가 무엇이었는지 어떤 점이 잘못되었는지 살펴본다. 우리 각자에게도 그런 훈련팀이 옆에 있다면 좋겠지만 실현하기는 꽤 어려우므로 이를 반영해 셀프 모니터링 일지작성으로 적용해볼 수 있다. 오늘부터 자신의 말하기 연습을 수치화해보자. 수치는 최대한 객관화시킨 자신의 변화 단계를 스스로 느낄 수 있도록 만드는 장치로 삼을 수 있다.

먼저, 스마트폰의 타이머를 켜고 지금부터 자신이 1분 동안 말할 주제를 정해서 간략히 정리해보자. 규칙은 세 가지이다. 첫째, 정확하게 15

분 동안만 생각을 정리해야 하고, 둘째 공식적인 상황이라는 가정하에 격식체로 말할 내용이어야 한다. 주제는 어떤 것이든 상관없다. 셋째, 보고 말할 메모카드를 만들지 않는다.

15분후 말할 내용이 준비가 다 되었다면, 우선 스마트폰을 켜고 녹화해보자. (앞서 먼저 설명한 말하기가 두려운 유형과 녹화 방법은 같다.) 녹화할 때 주의사항은 소위 '셀카모드'로 녹화하지 않아야 한다는 것이다. 녹화도중 자신의 움직임과 표정이 보이면 중간에 멈추고 다시 하려고 하는 경우를 자주 보았다. 그렇게 하다보면 불필요한 시간이 누적되고, 효율적인 연습으로 이어지지 못한다. 즉, 자신이 말하고 있는 화면이 보이지 않게 후면 카메라로 녹화하되, 허리까지의 상반신이 모두 보이게 녹화해보자.

녹화한 후 모니터링을 해보면, 자신의 부족한 부분이 가장 먼저 보일 것이다. 그러면 아래의 표에 이렇게 셀프 모니터링한 결과를 정리해보자. 시각적인 요소, 청각적인 요소, 말의 내용으로 나누고 각 항목별로 100점 만점으로 수치를 기록해보자. 각 항목별로 만점이 나오지 않은 사항을 개선할 점 항목에 적어보자. 즉, 만점을 주지 않은 이유를 서술하는 작업이다.

항목	항목별 총점 (100)	개선할 점
시각적인 요소	/100	

청각적인 요소	/100	
내용	/100	

〈2주차 처방전〉

하루 1점씩 성장하는 말하기 연습의 최적화

말하기가 두렵지 않지만, 연습이 효율적으로 필요한 이 구간에 속한 당신이 발전하려면, 자신에게 맞는 가장 효율적인 연습을 찾는 작업이 가장 중요하다. 실제 코칭할 때 만났던 신입사원도, 기업의 임원도, 면접을 앞둔 승무원 지망생도 이 구간에 속한 사람들은 비슷한 연습방법을 가지고 있었다. 결론부터 말하면 무작정 연습 시간만 늘린 훈련은 좋은 훈련방법이 되지 않았다. 빠른 개선을 위해서는 훈련에도 우선순위가 필요한데, 그렇지 않았던 것이다.

말하기 연습에도 최적화가 필요하다. 맞춤이 필요하다. 자신에게 맞는 방법으로 연습을 해야 말하기 실력이 나아지는 것을 눈에 띄게 확인할 수 있다. 스피치 전문가가 아니거나 말하는 직업이 아닌 사람이 중요한 일을 맡은 후 말을 잘하기 위해 노력한 좋은 예가 있다. 먼저 그 예를 함께 살펴보고 본격적인 훈련방법으로 들어가보자.

얼마 전 2018 월드컵경기를 중계할 때 각 방송사의 중계팀을 두고 시청률 경쟁으로 화제가 되었었다. 그 중 가장 눈에 띄었었던 건 최고의 선수로 활약했던 박지성이 해설가로 나섰던 채널이었다. 그리고 우연히 찍힌 그의 사진이 꽤 오랫동안 울림을 주었었다. 중계석에서 박지성 해설가가 보는 모니터 화면 위에 작은 메모로 '어떤'이라는 글씨가 적혀 있었던 사진이었다. 당시 중계를 맡으면서 각 방송사 중계진에 시청자의 다양한 요구가 빗발쳤었다. '어떤'이란 단어를 너무 자주 내뱉어서 거슬린다는 한 시청자의 요구를 겸허하게 받아들인 박지성 해설가가 중계하는 동안 스스로 '어떤'이란 단어를 불필요하게 자주 내뱉지 않기 위해 스스로 상기시키려고 메모를 붙여둔 것이라는 사진 설명이 있었다. 가장 먼저 바꾸기 위해 우선순위를 세우고 개선하고 자 했던 노력에 나는 감탄했다. 최고의 선수였던 박지성도 몸으로 뛰는 것이 아닌 말로 뛰어야 할 때, 그렇게 사소한 부분까지 노력을 덧입혔다. 선수시절 세밀한 부분까지 노력을 기울였던 좋은 습관과 여전히 노력하는 그의 면모를 엿볼 수 있는 대목이었다.

박지성 해설가의 노력은 소거법 훈련이다. 눈에 띄게 거슬리는 가장 큰 단점중 쉽게 바꿀 수 있는 우선순위를 정해 소거하는 것부터 훈련의 시작이다. 그리고 그런 변화의 노력에 작은 변화의 노력들이 덧붙여져야 개선되는 속도에도 가속도가 붙는다.

처음부터 바로 매끄럽게 말하려고 목표를 설정하는 것은 연습을 더 어렵게 만든다. 개선하기 쉬운 작은 목표를 세워 불필요한 습관부터 하나씩 소거하다보면 매끄러운 말하기 실력을 앞당길 수 있다. 시간을 내어 그의 첫 번째 중계와 가장 마지막 중계를 다시 보기 바란다. 놀라울 정도로 달라지고 성장한 박지성 해설가의 말하기가 느껴질 것이다. 그리고 그것을 느낄 수 있다면 이미 당신도 성장하고 있다.

자, 당신이 이번 2주차 할 작은 노력은 무엇일까? 어떻게 해야 할까? 지난 1주차에 수치화 시켜 본 말하기의 시각적인 요소, 청각적인 요소, 내용을 표로 만든 부분을 다시 펼쳐보자. 펼쳤는가? 그렇다면, 그 중에서 가장 점수가 낮은 항목은 무엇인가? 사람에 따라 눈을 너무 자주 깜박인다든지, 녹화하는 도중에도 시선을 자주 회피한다든지 하는 시각적 요소가 가장 낮은 점수였을 수도 있고, 목소리가 작아서 잘 전달이 되지 않거나 발음이 웅얼댄다거나 또는 말하고 있는 내용의 앞과 뒤가 잘 연결되지 않는 등 가장 부족한 부분이 있을 것이다. 안타깝게도 두 개 이상 항목에서 동점이 나왔다면, 두 가지 모두 개선이 필요한 상태이다. 효율적인 연습을 위한 항목별 우선순위를 알려드리면, 쉽게 바꿀 수 있는 것은 시각적인 요소, 그 다음이 청각적인 요소, 그리고 마지막이 내용 요소이다. 즉, 제대로 된 방법대로만 한다면, 열거한 우선순위대로 시간을 적게 들이고도 빨리 개선할 수 있다는 얘기이다.

그렇다면, 각기 다른 점수의 세 가지 항목 중 지금 당장 몇 번의 연습을 통해 스스로 바꿀 수 있다고 판단한 항목은 무엇인가? 스스로 제일 잘 알 수 있을 것이다. 각 항목별 효율적인 연습방법에 대해 알아보자. 스스로 연습할 때마다 1점씩 올리는 것을 목표로 조금씩 개선시켜 나가는 것이 이번 주의 과제다.

시각적인 요소는 특별한 경우를 제외하고는 세 가지 항목 중 스스로 바꾸기 쉬운 항목이라고 할 수 있다. 무표정한 모습은 웃는 연습을 통해 쉽게 바꿀 수 있고, 과도한 눈깜박임은 인지한 순간 그렇게 하지 않기 위해 노력하고 있는 자신을 발견할 것이다. 무표정한 연습은 만들어진 표정의 아이돌 표정만 몇 가지 검색해보고 그걸 따라해 보려는 노력만으로도 쉽게 바뀐다. 아이돌 표정을 그대로 복사하라는 것이 아니라, 활짝 웃는 웃음을 지어보라는 것이다. 만약 잘 되지 않거나 어색하다면 그만큼 표정이 굳어있는 것이다. 웃는 표정에서 밝은 에너지와 자연스러운 말하기가 나온다. 그리고 다음 문장으로 자연스럽게 넘어가는 윤활유가 되어준다. 단, 말하는 내용이 웃는 표정에 어울리는 내용일 경우에만.

다음 청각적인 요소는 그동안 코칭한 사례들을 통해 크게 세 가지로 나눌 수 있다.

"목소리가 너무 작아요"

"침이 마르거나 꼴깍꼴깍 넘기거나, '쩝'소리가 자주 나서 거슬려요"

"처음엔 괜찮은데 끝으로 갈수록 말이 빨라져요"

훨씬 더 다양한 고민들이 있었지만, 대체적으로 아주 크게 나눈다면 이렇게 세 가지의 고민을 코칭현장에서 가장 많이 접했었다. 이 세 가지의 경우 모두 호흡량이 절대적으로 부족한 유형이다. 호흡량이 부족하다는 뜻은 들이쉬는 숨의 양이 적으니 내뱉는 양도 적다는 뜻이다. 즉, 갖고 있는 호흡 에너지가 적으니 말할 때 음성에 실려야 할 호흡이 적어 소리를 증폭시키지 못한다는 뜻이다. 앞에 공동저자인 유동효 선생님의 3장 중 복식호흡훈련에 대한 내용을 다시 한번 집중적으로 읽어

보기 바란다.

그리고 구체적인 스피치 훈련법을 좀 더 덧붙이자면, 다음과 같다. 두 가지 방법으로 알려드리고자 한다. 첫 번째는 호흡의 강도를 강하게 하는 훈련이다. 책상이나 식탁에 앉아 한 팔을 뻗은 거리 정도에 500밀리미터 소형 생수병을 둔다. 이때 생수병은 가득 채운 물병이어야 한다. 그리고 그 위에 A4두께의 종이를 올려둔다. A4 넓은 면의 중간쯤을 뉘여 균형을 잘 잡아 올려두면 종이가 어렵지 않게 고정된다. 그리고 숨을 짧게 2초동안 들이쉰 후 날숨으로 "후——"하고 불어서 종이를 떨어뜨리기 위한 호흡을 내뱉어본다. 이때 주의사항은 두 가지이다. 얼굴을 거북목처럼 앞으로 쭉 내밀지 않도록 주의한다. 상체역시 바른 자세의 고정된 자세로 해야 한다. 그리고 입을 오리 모양으로 내민 '후—'의 입모양으로만 호흡을 내뱉어야지, 양쪽 볼에 빵빵하게 바람을 넣어 불지 않도록 주의한다. 양쪽 볼안에 가득 호흡을 머금고 뱉는 것은 복식호흡 내뱉기에 도움이 되지 않는다. 자, 이렇게 내뱉은 호흡이 한번에 종이 떨어뜨리기로 성공했다면, 좀 더 거리를 두고 다시 도전, 재도전한 위치에서도 성공했다면 다시 도전! 이렇게 처음에 시도한 한 팔 거리만큼보다 세 배 먼 위치에서도 어렵지 않게 종이를 떨어뜨릴 정도가 될 때까지 날숨을 강하게 내뱉는 연습을 하자. 이 훈련을 하면서 머리가 어지럽다거나 얼굴이 발갛게 된다거나 하는 신체반응이 나타나면 연습을 잘못된 방법으로 하고 있으니 주의하자.

이렇게 호흡의 강도를 세게 할 수 있는 시각화 훈련을 하면, 호흡의 강도가 좋아진다. 좋아진 강도의 호흡을 말하기에 적용하기 위해서는 다시 한 번 반복하되, 이번에는 무성음의 호흡만 있는 "후—"가 아니라 목소리를 실어서 유성음으로 "후—"하고 호흡과 목소리를 함께 내뱉으며 목소리가 커지는 경험을 훈련으로 익혀본다.

이 과정은 어렵지 않게 혼자 힘으로 목소리를 좀 더 키우는 연습이 될뿐만 아니라 긴 시간 말해도 목소리가 갈라지지 않도록 호흡근육을 단련시키는 훈련이 될 수 있다. 다만, 유성음으로 호흡 내뱉기를 할 때 목에 힘을 주어 내뱉지 않도록 의식하면서 살펴보자.

자, 이렇게 호흡 훈련이 끝났다면, 이제 1분동안 말할 때도 보다 또렷하고 커진 목소리로 말할 수 있는지 테스트하는 과정이 필요하다. 스마트폰으로 다시 녹화 모니터링을 할 때, 원래 찍었던 거리에 두지 말고 좀 더 멀리 두고 찍어보자. 한 걸음 앞에 스마트폰을 두고 찍었다면, 두 걸음 더 앞에 스마트폰을 두고 찍는 방법이다. 이렇게 두 번 정도 녹화해보고 목소리의 크기가 어떻게 들어가는지 모니터링하면 된다. 스마트폰에 따라 피사체의 거리를 가늠해 목소리를 줌인해서 녹화하는 기능이 있는 경우도 있는데, 이 경우에는 어느 순간에나 목소리가 일정하게 들어가므로, 옵션에서 이 부분을 잠시 꺼두고 녹화하자. 훈련으로 강화한 호흡근육과 성량을 제대로 확인하기 위함이다.

그리고나서 반복해야 할 작업은 처음 수치화한 것처럼 다시 수치화해보는 것이다. 첫 번째 바로 녹화했을 때의 영상과 호흡훈련 후 녹화했을 때의 영상을 이어서 보고 비교해보자. 어떤가? 청각적인 점수가 1점이라도 올랐는가? 이와 같은 방법으로 2주차에 5회 이상 연습해본다면, 발전의 속도가 점점 빨라지는 것을 느낄 수 있을 것이다. 말하기가 만족스럽지 못한 당신의 가장 부족한 부분을 집중적으로 연습하는 것이 바로 2주차의 훈련법이다.

항목	항목별 총점 (100)	개선할 점
시각적인 요소	/100	
청각적인 요소	/100	
내용	/100	

〈3주차 처방전〉

완전한 문장을 사용하는 습관을 만들자

3주차에는 공식적인 말하기가 입에 붙고, 몸에 익혀지도록 굳히는 훈련이다. 이번 주차에는 평소에 수시로 자주 해볼 수 있는 방법들로 구성했다. 특히 말이 빨라서 자주 지적을 받았던 사람이라면 더욱 더 주목하자. 평소의 말하기 습관을 이미 스스로 인지하고 있지만 제대로 바꾸는 방법을 몰랐을 뿐, 이대로 1주일만 훈련한다면 어렵지 않게 바꿀 수 있다.

자, 자신이 갖고 있는 디지털 기기를 살펴보자. 스마트폰이나 노트북, 다른 전자제품도 좋다. 사용 설명서가 있지만 잘 이해되지 않았던 세밀한 부분을 해당 고객센터에 전화 걸어 상담원에게 질문하는 작업을 한 번 해보자. 주의할 점은, 이 고객 컨택센터에서 일하는 분들을 마구잡이 훈련 상대로 삼으면 안 되니 딱 한 곳만 골라서 평소 궁금했던 점을 이 기회에 질문한다는 느낌으로 3분 이내로만 통화해보자. 스마트폰으로 통화하면 통화 내용을 쉽게 녹음할 수 있으니, 통화 내용을 녹음해서 자신의 평소 말습관도 함께 모니터링할 수 있다.

이 때 훈련의 규칙은 다음과 같다. 첫째, 반드시 주어와 서술어가 있는 완전한 문장으로 질문할 것. 둘째, 일대일 대화지만, 공식적인 성격의 대표성을 띠고 물어본다는 느낌으로 격식어체를 사용할 것. 셋째, 상담원의 설명 후에 반드시 설명에 대한 고마움을 표시할 것.

자, 전화를 걸고 녹음을 시도해보자.

방금 당신은 훈련법에 따라 전화를 걸어 고객센터의 상담원에게 자신의 전자기기 사용법에 대한 질문으로 상담을 받았을 것이다. 설명한 내용을 잘 이해했는가? 그렇다면, 이번에는 다시 혼자 녹음을 해보는 미션을 드리겠다. 이때, 역할을 바꿔서 방금 들은 상담원의 설명을 자신이 1분 동안 쭉 설명한다는 느낌으로 말해보자. 그리고 녹음해보자.

두 번의 녹음 훈련이 끝났다. 일단 믿고 따라와 준 당신에게 고마움을 전한다. 자, 하나씩 풀어가보자. 첫 번째 상담원과의 대화에서 자신이 어느 정도 격식어체를 사용했는지 살펴보자. 당신은 어느 쪽인가?

A) “저기요, 제 스마트폰이 잘 안되는게 있는데.... 제 스마트폰기종은 00구요.”

B) "안녕하세요, 제가 00스마트폰을 사용하고 있는데 화면설정 중 밝기조절이 잘 안되어서 질문드리려고 합니다"

두 가지 유형중 당신은 어느 쪽으로 말했는가? 첫 문장을 살펴보는 이유는 다음 문장을 다 살펴보지 않아도 당신의 평소 말 습관을 가장 먼저 체크할 수 있기 때문이다. 앞서 미션을 드릴 때 공식적인 상황에서의 격식어체를 사용하라는 주문을 드렸다. 그럼에도 불구하고 A처럼 말했다면, 대체로 일대일 대화에서는 굉장히 편하게 말하다가 공식적인 스피치로 발표나 연설 등을 하게 되면 그 어투가 어색해서 원고나 메모 없이 하기 어려워하는 유형으로 풀이할 수 있다. 즉, 다시 말해 평소 말 습관에서 격식어체를 사용하고 주어와 서술어가 있는 완전한 문장을 자주 사용하면 그 습관이 잘 반영되어서 공식적인 스피치 상황이 두렵지 않게 된다는 뜻이다.

A유형의 문장은 호칭이나 인사도 없이 시작했고 구체적인 질문의 핵심이 잘 드러나지 않는다. B유형은 구체적인 내용이 한 문장 안에 다 포함되어 있다. 이렇게 평소에 사용하는 말부터 매끄럽게 바꾸는 것이 시작이다. 모바일 뱅킹이 대세지만, 은행창구에 가게 될 때도 물건을 살 때도, 음식점에서 주문을 할 때도 이런 방법을 사용해보자. 이 훈련을 일주일해보면 때론 어색한 자신을 보며 웃음이 나기도 하고 쑥쓰러워지기도 할 것이다. 그래서 가족들이나 아주 친한 지인들부터 시작하지 말고, 자신을 전혀 모르는 외부인에게 먼저 시작해보자. 그들은 평소 내 말습관이 어땠는지 알지 못하기 때문에 비교할 거리가 없다. 단지 눈 앞에 있는 그대가 굉장히 또박또박 정갈하게 말하고 있다고 생각할 것이다.

자, 이렇게 훈련한지 3주가 되었다. 당신의 점수는 어떻게 달라졌는가? 3주차의 마지막 날에 1주에 첫 번째 했던 내용을 다시 녹화해보자. 각 항목별로 5점 이상 올라갔다면, 당신의 노력에 진심으로 박수를 보낸다. 5라는 성장의 숫자 속에 당신의 연습량이 무수히 많았다고 느껴지기에.

항목	항목별 총점 (100)	개선할 점
시각적인 요소	/100	
청각적인 요소	/100	
내용	/100	

최고가 되고 싶은 당신을 위한 3주 처방전

다섯 개 항목 이하를 선택한 당신, 어쩌면 이 책이 필요하지 않았을지도. 당신은 이미 어느 정도 말하기 실력이 되고, 그 능력을 인정받고 있을 것이다. 그럼에도 불구하고 이 책을 들었다면 남들에게 쉽게 알리기 어려운 자신만의 고민이 있었을 터. 자신보다 더 잘 하는 사람의 말하기 상황을 본 후, 자신도 한 단계 더 업그레이드하고 싶었을 수도 있겠다. 그보다 '인간은 어제보다 나은 오늘의 나를 위해 노력해야 진정한 성장'이라는 선인의 말을 떠올리며 먼저 박수를 보내고 싶다. 당신이 유독 고쳐지지 않는 그것! 그것이 무엇일지 함께 고민해보고 오늘부터 21일 동안 최고의 스피치를 구사할 당신을 위해 코칭을 시작해보겠다.

〈1주차 처방전〉

청산유수 당신! 시간이 줄어도 청산유수일까?

헬스나 요가 등의 근육을 쓰는 운동을 하다보면 정체기가 온다. 임계점에 다다랐을수도 있고, 더 발전하기 위해서 노력하려면 여태까지보다 몇 배 더 노력해야 아주 작은 변화가 보이기 때문이다. 말도 마찬가지다. 앞의 장에서 다룬 '잘 말하지 못하는 유형'과 '어느 정도 하긴 하나 만족스럽지 못한 유형'은 변화의 속도나 정도가 눈에 띄게 보일 수 있다. 그러나 비교적 최상위권에 있는 당신은 이미 굳어져버린 스피치 근육이 있기 때문에 완전히 다르게 바꾸기가 더 어렵다고 할 수 있다. 그래서 1주차는 시간 조절에 대한 미션으로 숙달의 정도를 먼저 진단하고자 한다.

앞의 두 유형과 마찬가지로 먼저, 스마트폰의 타이머를 켜고 지금부터 자신이 1분 동안 말할 주제를 정해서 간략히 정리해보자. 규칙은 세 가지이다. 첫째, 정확하게 15분 동안만 생각을 정리해야 하고, 둘째 공식적인 상황이라는 가정하에 격식체로 말할 내용이어야 한다. 주제는 어떤 것이든 상관없다. 셋째, 보고 말할 메모카드를 만들지 않는다.

15분후 말할 내용이 준비가 다 되었다면, 우선 스마트폰을 켜고 녹화해보자. (앞서 두 유형과 녹화 방법은 같다.) 녹화할 때 주의사항은 소위 '셀카모드'로 녹화하지 않아야 한다는 것이다. 녹화도중 자신의 움직임과 표정이 보이면 중간에 멈추고 다시 하려고 하는 경우를 자주 보았다. 그렇게 하다보면 불필요한 시간이 누적되고, 효율적인 연습으로 이어지지 못한다. 즉, 자신이 말하고 있는 화면이 보이지 않게 후면 카메라로 녹화하되, 허리까지의 상반신이 모두 보이게 녹화해보자. 녹화가 끝났다면, 바로 이어서 다시 한 번 더 녹화를 해야 한다. 그런데 조건이 달라졌다. 방금 말한 내용의 시간을 반으로 줄여서 30초 안에 말해야 한다고 미션을 드리겠다. 자, 어떻게 하겠는가? 바로, 다시 녹화해보자!

같은 주제의 1분 말하기와 30초 말하기! 두 가지의 영상을 그대로 받아쓰기 해보자. 이 경우 두 가지 유형으로 나뉜다. 하나는 1분 내용을 그대로 줄이되, 문장이 몇 개 빠지거나 순서가 바뀌거나 예시나 사례가 빠진 경우로 30초를 재구성한 경우이다. 이 경우, 시간에 대한 압박을 느껴서 순간적으로 내용의 우선순위를 정해 덜 중요하다고 생각한 것을 생략한 경우라고 할 수 있다.

다른 하나는 내용 자체를 아예 바꾼 방식이다. 첫 문장부터 끝 문장까지 다른 문장으로 구성했거나 1분 말하기에서 사용하지 않은 다른 예시를 사용해 짧은 시간 안에 맞춘 경우이다. 이 경우는 앞서 말한 1분 말하기에 맞는 방식과 30초 말하기에 맞는 방식에 차이가 있다고 판단하고 아예 틀을 바꿔버린 경우이다. 집을 인테리어 하는 방법을 예로 들면, 전자는 벽지를 바꾸거나 가구를 바꾸는 정도인 것이고 후자는 벽과 벽을 허물어서 공간의 배치 자체를 바꿔 동선도 달라지게 만든 경우라고 할 수 있다. 사실 후자의 방법으로 말한 사람이라면 코칭할 부분이 훨씬 적어진다. 어쩌면 말하기에 관련된 직업을 가진 사람일수도 있고, 이미 저자보다도 더 말하기의 달인일 수도 있겠다.

10년동안 비교적 상위권의 말하기 실력을 갖춘 사람들을 만나서 코칭할 때 이 미션을 주고 비교해보면 열 명 중 아홉 명은 전자의 방법을 택했다. 그리고 시간을 줄여서 말하는 것이 쉽지 않다고 고백해왔다. 다섯 개 이하의 항목을 택한 당신은 어느 쪽에 속하는가? 이 방법의 훈련은 후자의 방식대로 스피치 자체를 능수능란하게 바꾸기 위한 훈련이다. 주제에 따라 1분 내용을 군데군데 조금씩 줄여서 진행할 수도 있고,

서론을 과감히 생략하고 결론이나 본론을 강화하는 쪽으로 30초 말하기 구성을 바꿀 수도 있지만 정말 말 잘하는 사람들은 말하기 방식을 바꾼다. 잘 알려진 프로그램을 예로 들면, jtbc 〈썰전〉을 들 수 있다. 양쪽의 주장을 번갈아 듣다가 마지막에 한 줄 평을 한다. 그러면 대체로 비유를 쓰는 형식을 취하는데 맥락을 이해하고 있는 상황에서는 이런 찰떡 비유가 여러 문장보다 더 이해를 돕기도 한다. 마찬가지로 jtbc뉴스룸의 〈앵커브리핑〉을 보면, 그 날 다룬 중요한 이슈 중 하나를 골라 짧은 예화나 문구로 시작해 생각의 깊이를 더 강하게 전한다.

1주차 내내 하루에 두 번씩 시간 간격을 떨어뜨려서 이 훈련을 해보길 권한다. 매일 한 가지 주제를 정해서 1분동안 말해보고, 이후 5분이 채 지나지 않은 시간 후에 바로 30초로 줄여서 말하는 것이다. 딱 30초를 맞추지 않아도 반 정도의 시간으로 설정해서 연습해보자.

몇 번의 훈련이 거듭되면, 효율적인 시간 안에 반드시 말해야 될 내용으로만 채우는 방법을 몸으로 익히게 되고 또한 시간에 알맞은 예화나 사례를 드는 것도 어렵지 않을 것이다. 다만 이 훈련에서도 주의할 점은 1분 말하기를 준비하는동안 이미 30초 말하기의 내용을 미리 구상하면 안된다는 점이다. 반드시 30초 말하기는 즉흥적이어야 하고, 1분 말하기 후 이어서 훈련해야 제대로 된 맞춤 훈련이 된다는 점이다. 1주차에 하루 두 번씩 해보면 총 열 번을 훈련할 수 있다. 이렇게 열 번 연습해보면, 당신은 반드시 주어진 시간에 맞춰 주제를 잘 전달하는 자신만의 또 다른 노하우를 찾아내게 될 것이다.

〈2주차 처방전〉

사용하는 어휘를 다양하게 바꿔보라

2주차에는 쉽게 바꾸기 어려운 말 습관을 개선하는 훈련이다. 가장 쉬운 방법은 자신이 자주 말하는 단어만 바꿔줘도 내용이 훨씬 풍성해진다는 뜻이다. 한 사람의 스피치에는 어떤 패턴이 있기 마련이다. 자주 쓰는 화법, 연결어미, 단어 등 한 사람의 말하기에는 그 사람이 그대로 담겨있다. 이번에 할 훈련으로 내용을 강화하라는 주문은 자신이 그대로 드러나는 자신만의 화법을 한 단계 뛰어넘는 훈련을 말한다.

화제가 되는 드라마의 대사 일부만 봐도 우리가 누구 작가의 작품이다 하고 예상하듯이 말이다. 유명한 두 작가를 잠시 비교해보자. 〈무자식 상팔자〉, 〈완전한 사랑〉, 〈내 남자의 여자〉, 〈청춘의 덫〉의 김수현 작가는 생활 대사체에 대사에 들어가는 문장의 개수도 많고, 빠르게 되받아치는 형식의 주고 받는 문장이 많다. 그런가하면 드라마 〈미스터선샤인〉, 〈도깨비〉 〈신사의 품격〉 등을 집필한 김은숙 작가는 도치법을 자주 사용해서 캐릭터의 특징을 살리고 극의 재미를 더한다. 마찬가지로 글에도, 말에도 그 사람의 평소 습관과 캐릭터가 고스란히 들어가는 것이다.

이 장을 쓰고 있는 저자는 한 방송사에서 10년째 같은 프로그램의 성우로 내레이션을 맡아 하고 있다. 프로그램 내에서 다른 코너의 원고를 녹음하기도 하고, 같은 코너의 대본도 여러 작가가 돌아가면서 쓰다보니 여러 작가의 원고를 받아서 녹음하게 된다. 그렇게 오래 십여년 반복되다보니 읽어야 할 내레이션 원고에 작가 이름이 굳이 쓰여 있지 않아도 어느 작가인지 알아맞히게 되었다. 어떤 작가는 화면의 상황을 설명할 때 명사로 끝을 내는가 하면, 어떤 작가는 서술형으로 마무리하고 또 어떤 작가는 인터뷰 뒤에 바로 내레이션이 붙을 경우, 그 인터뷰 내용을 연결해 작성하는 방식을 사용하는데, 다른 작가는 반전되는 내용으로 내레이션을 쓰기도 한다. 비슷한 일을 오래 반복하면 생기는 일종의 '감'이라고도 할 수 있겠지만 작가마다 고유의 스타일이 있다고 풀이할 수 있겠다.

자, 그렇다면 자신의 화법 중에 불필요한 것을 덜어내고 풍성하게 만드는 훈련을 어떻게 할 수 있을까? 1주차에 녹화했던 자신의 영상을 다시 보자, 그리고 받아쓰기 해보자. 그 후에 의미가 같은 유사어로 바꿀 수 있는 부분을 세 곳 골라 비슷한 단어로 교체해서 다시 말해보자. 느끼셨는가? 방금 저자도 같은 단어를 반복하지 않고 '유사어' 와 '비슷한 단어'로 표현해 의미 전달은 분명하게 하면서도 같은 단어가 반복되는 것을 피해 문장을 좀 더 풍부하게 만들려고 시도했다.

이 구간에 해당하는 당신과 비슷한 유형의 사람들을 '최고가 되고 싶은'이라고 이름붙인 이유가 있다. 꽤 오랫동안 이들의 스피치 고민을 들어보면, '좀 더 세련되게 말하고 싶다' 는 의견이 많았다. 세련되게 말하기의 정의는 내리기 나름이지만, 자신의 스피치가 '한 단계 업그레이드'가 필요하다는 얘기로 해석했다. 한 단계 업그레이드는 쉬우면서도 어렵다. 도구의 변화이기 때문이다. 어린아이가 태어나서 처음 떠 먹여주는 이유식만 먹다가, 이후 국수가락을 손으로 쥐고 먹다가 좀 더 자라면 젓가락질을 배워 스스로 국수를 떠먹는다. 지금까지 국수를 손으로 먹었던 단계였다면, 이제 도중에 잘못배운 젓가락질을 교정해볼 때이다.

자신이 내뱉는 모든 단어들을 교체가능한 단어로 바꿔보는 것이다. 한 번 더 얘기해보겠다. 내가 말하는 많은 낱말들을 바꿀 수 있는 낱말들로 수정해보는 것이다. 이해되셨는가? 또 한 번 문장의 맥락은 같되, 다른 단어를 사용해 바꿔서 설명드렸다.

단어를 바꿔서 말하는 것이 익숙해지려면, 당분간은 국어사전과 친해져야 한다. 요즘은 포털사이트 어학사전 탭에서도 충분히 쉽게 검색할 수 있으니 그 방법을 사용해도 좋겠다. 이렇게 주로 사용하던 낱말만 바꾸는 것으로도 말의 리듬이 바뀌고 조사가 바뀌고 어울리는 어미를 바꿀 수 있다. 즉, 살짝 다른 말하기 방식으로 변화시킬 수 있는 것이다. 굳이 한자어나 영어를 쓰지 않아도 좋다. 우리말 중에서도 바꿀 수 있는 단어들은 충분하다. 이렇게 훈련하는 2주 동안 언어의 즐거움과 풍성함을 온전히 누리시길 바란다.

〈3주차 처방전〉

유명한 연설 스피치를 필사하듯 따라해보라

집의 분위기를 바꾸기로 결정했다고 생각해보자. 인테리어를 새로 할 수도 있지만, 때로는 터는 그대로 두고 과감하게 그 터에 다시 짓는 방법도 있다. 다시 짓는 방법처럼 당신의 말 전체를 한 단계 업그레이드 할 수 있는 훈련이 필요하다. 글을 쓰는 작가들의 경우, 글쓰기 훈련을 할 때 필사를 자주 권한다. 이 책을 쓰기까지 가르침과 도움을 준 조헌주 작가도 필사를 강력하게 권유했다.

"필사의 힘에 대해 다시 한 번 생각을 하게 됐다. 필사를 하면 글쓰는 실력이 향상되는 것은 당연지사다. 집중력이 높아지고 어떤 분야에서도 전문가가 될 수 있다. (중략) 관련된 글을 골라 당장 필사를 하라. 많은 시간도 아니고 하루 한 시간이면 된다. 하루 한 시간, 좋은 문장을 필사하여 인생을 조금씩 바꿔나가는 것은 어떨까?"

《자존감있는 글쓰기》, 조헌주, 2017, 레몬북스

글쓰기처럼 말하기도 마찬가지이다. 좋은 원고를 구하는 일은 어렵지 않다. 스피치 체크리스트에서 다섯 개 이하를 체크한 당신이라면 다음의 원고를 보고 당신이 말한다는 느낌으로 쉽게 전달해 볼 수 있다. 이번에는 이렇게 한다. 첫째, 눈으로 보며 내용을 익힌다. 둘째, 글을 보며 낭독하듯 꼼꼼하게 전달해본다. 셋째, 원고가 앞에 있지만, 시선을 앞에 있는 청중에게도 둔다는 느낌으로 원고와 청중을 번갈아 보며 말해보자. 읽어야 하는 원고이지만 말하듯이 하는 것이 가장 중요한 포인트이다. 좋은 예시로 최근 문재인 대통령의 연설 중 73주년 광복절 연설의 후반부를 실었다. 전문을 영상으로 다시보는 것은 포털사이트 검색의 뉴스 채널에서 쉽게 찾아볼 수 있으니 비교해보자.

존경하는 국민 여러분, 이틀 전 남북고위급회담을 통해 '판문점 회담'에서 약속한, 가을 정상회담이 합의되었습니다.

다음 달 저는 우리 국민들의 마음을 모아 평양을 방문하게 될 것입니다. '판문점 선언'의 이행을 정상 간에 확인하고 한반도의 완전한 비핵화와 함께 종전선언과 평화협정으로 가기 위한 담

대한 발걸음을 내딛을 것입니다.

남북과 북미 간의 뿌리 깊은 불신이 걷힐 때 서로 간의 합의가 진정성 있게 이행될 수 있습니다. 남북 간에 더 깊은 신뢰관계를 구축하겠습니다. 북미 간의 비핵화 대화를 촉진하는 주도적인 노력도 함께 해 나가겠습니다.

저는 한반도 문제는 우리가 주인이라는 인식이 매우 중요하다고 생각합니다. 남북관계 발전은 북미관계 진전의 부수적 효과가 아닙니다. 오히려 남북관계의 발전이야말로 한반도 비핵화를 촉진시키는 동력입니다. 과거 남북관계가 좋았던 시기에 북핵 위협이 줄어들고 비핵화 합의에까지 이를 수 있던 역사적 경험이 그 사실을 뒷받침 합니다.

완전한 비핵화와 함께 한반도에 평화가 정착되어야 본격적인 경제협력이 이뤄질 수 있습니다. 평화경제, 경제공동체의 꿈을 실현시킬 때 우리 경제는 새롭게 도약할 수 있습니다. 우리 민족 모두가 함께 잘 사는 날도 앞당겨질 것입니다.

국책기관의 연구에 따르면, 향후 30년 간 남북 경협에 따른 경제적 효과는 최소한 170조원에 이를 것으로 전망합니다.

개성공단과 금강산 관광 재개에 철도연결과 일부 지하자원

개발사업을 더한 효과입니다. 남북 간에 전면적인 경제협력이 이뤄질 때 그 효과는 비교할 수 없이 커질 것입니다.

이미 금강산 관광으로 8천9백여 명의 일자리를 만들고 강원도 고성의 경제를 비약시켰던 경험이 있습니다. 개성공단은 협력업체를 포함해 10만 명에 이르는 일자리의 보고였습니다. 지금 파주 일대의 상전벽해와 같은 눈부신 발전도 남북이 평화로웠을 때 이뤄졌습니다.

평화가 경제입니다. 군사적 긴장이 완화되고 평화가 정착되면 경기도와 강원도의 접경지역에 통일경제특구를 설치할 것입니다. 많은 일자리와 함께 지역과 중소기업이 획기적으로 발전하는 기회가 될 것입니다.

'판문점 선언'에서 합의한 철도, 도로 연결은 올해 안에 착공식을 갖는 것이 목표입니다. 철도와 도로의 연결은 한반도 공동번영의 시작입니다.

1951년 전쟁방지, 평화구축, 경제재건이라는 목표 아래 유럽 6개국이 '유럽석탄철강공동체'를 창설했습니다. 이 공동체가 이후 유럽연합의 모체가 되었습니다.

경의선과 경원선의 출발지였던 용산에서 저는 오늘, 동북아 6개국과 미국이 함께 하는 '동아시아철도공동체'를 제안합니다.

이 공동체는 우리의 경제지평을 북방대륙까지 넓히고 동북아 상생번영의 대동맥이 되어 동아시아 에너지공동체와 경제공동체로 이어질 것입니다. 그리고 이는 동북아 다자평화안보체제로 가는 출발점이 될 것입니다.

존경하는 국민 여러분, 독립유공자와 유가족 여러분, 해외동포 여러분, 식민지로부터 광복, 전쟁을 이겨내고 민주화와 경제발전을 이뤄내기까지 우리 국민들은 매 순간 최선을 다해왔습니다.

국민들이 기적을 만들었고, 대한민국은 공정하고 정의로운 나라로 가고 있습니다. 독립의 선열들과 국민들은 반드시 광복이 올 것이라는 희망 속에서 서로를 격려하며 고난을 이겨냈습니다.

한반도 비핵화와 경제 살리기라는 순탄하지 않은 과정이 우리를 기다리고 있지만 지금까지처럼 서로의 손을 꽉 잡으면 두려울 것이 없습니다.

한반도 평화와 번영은 우리가 어떻게 하냐에 달렸습니다. 낙관의 힘을 저는 믿습니다. 광복을 만든 용기와 의지가 우리에게 분단을 넘어선, 평화와 번영이라는 진정한 광복을 가져다 줄 것입니다.

감사합니다.

_ 광복 73주년 겸 정부수립 70주년 경축식 문재인 대통령 연설 중 (2018.8.15.)

좋은 문장은 쉽고, 간결하다. 그리고 한 문장 한 문장 전달하고자 하는 바가 정확히 표현되어 있다. 대한민국 국민 전체를 향한 메시지를 잘 담아낸 연설문이야 말로 최고의 스피치 연습 원고가 될 수 있다. 또한 잘 쓴 원고로 계속 화제가 되고 있으니 더할 나위없다.

어렵더라도 혹은 귀찮더라도, 한 번 더 연습해 보자. 3주차까지 연습해 온 이상 완벽하게 당신의 말하기 실력의 상승점에 굳히기가 필요하다.

이번에는 각 문장마다 힘을 주어 말하면 좋을 단어들을 골라 표시한 후 그 단어만 속도를 조금 늦춰서 말해보거나, 핵심단어를 말할 때 반드시 청중을 바라보는 시선처리를 소화해보자. 그리고 문장의 첫 두 단어와 문장의 가장 마지막 서술어도 반드시 청중을 바라보는 느낌으로 해보자. 그렇게 연습해서 녹화해보면, 이 원고를 완전히 외우지 않았더라도 전체 내용을 잘 숙지한 것처럼 보이고, 실제 전달력도 더 좋다고 느껴질 것이다.

이렇게 잘 쓴 문장으로 훈련을 거듭하면 많은 필사 후에 명문장이 탄생하듯, 당신의 말하기도 당신이 원하는 세련된 말하기로, 최고의 말하기로 성장할 것이라 믿는다.

품격 있는 언어가 이끄는 품위 있는 삶

"배운 대로 말 하나 바꿨을 뿐인데 면접에 합격했어요"

"가르쳐주신 대로 말 하나 바꿨을 뿐인데 강의평가가 달라졌어요"

"알려주신 대로 말 하나 바꿨을 뿐인데, 매출이 올라 갔어요"

우리 여섯 명의 저자들이 각자의 스피치 코칭 현장에서 자주 듣는 말이다. 가치 있는 변화에 대해 신기해하면서 진심이 담긴 감사 인사다. 코칭 받은 사람마다 차이는 있겠지만, 어떤 이는 한 달 만에, 어떤 이는 한 해를 고스란히 투자한 후에 그런 긍정적인 변화가 보인다. 그런 노력들이 결코 쉽지 않음에도 불구하고 만약 현재의 위치에 만족스럽지 못하다면, 당신의 말을 바꾸려는 노력은 꼭 필요하다. 이 책에서 연습으로, 연습에서 생활 속으로, 업무 속으로 적용해보는 것이 반드시 필요하다. 책대로 따라하기만 한다면 소통의 정체기에 있었던 당신의 말이 달라질 수 있다는 것을 누구보다 강력하게 알고 있기 때문이다.

몇 해 전 MBC에서 방송한 다큐 프로그램에서 '말의 힘'과 관련한 실험을 보여줬다. 흰 밥을 두 개의 각각 작은 통에 넣고 한 쪽에는 "고마워, 사랑해"라고 긍정적인 언어를 매일 수시로 말해주고, 다른 한 쪽에는 "미워, 싫어"처럼 부정적인 언어에 수시로 노출 시켰다. 이렇게 일주일이 지난 후 곰팡이가 생긴 정도를 비교해보았더니 부정적인 언어에 노출 시킨 쪽은 보기에 흉한 곰팡이가 생겼지만, 긍정적인 언어에 노출 시킨 쪽은 하얀 목화송이 같은 곰팡이가 생겼다. 같은 사람의 입에서 나온 말인데 말의 긍정언어와 부정언어에 따라 달라지는 현상을 보고 무릎을 '탁' 쳤었다. 비단 긍정언어와 부정언어의 차이만은 아닐 것이란 생각으로 이어졌다.

말의 힘은 우리가 생각하는 것 이상으로 삶 속에서 강력한 에너지로 작용한다. 호칭에 따라 관계가 달라지고, 말투에 따라 대화의 분위기가 달라지고, 단어에 따라 매출이 달라지기도 한다. 이러한 점을 조금은 공감하고 알고 있으면서도 쉽게 적용하고 바꾸지 않았던 것은 바쁜 일상 속 개선하겠다는 의지를 밖으로 꺼내줄 코칭 전문가를 만나지 못해서였을 수도 있다. 그래서 이렇게 개선의 의지에 불을 지피기 위해 여섯 명의 저자가 모여 지혜를 풀었다. 이 책의 내용을 모두 읽은 당신, 혹시 어떠한 공통점을 찾았는가? 그렇다. 어느누구도 처음부터 지금처럼 잘하지 않았다는 점이다. 저자들도 처음에는 말을 잘 하고 싶은 고민이 짙어져 이 책을 든 지금의 당신과 비슷했다. 시작이 별로 특별할 것 없었던 우리도 해냈다. 당신은 지금 어떤 생각을 하고 있는가? 당신도 할 수 있겠다는 생각이 드는가? 그렇다면 진심으로 환영한다.

1장부터 6장까지 단숨에 읽었든 한 장씩을 며칠에 걸쳐 읽었든 이 장까지 차례로 읽은 당신에게 진심으로 박수를 보낸다. 당신의 말을, 대화를, 발표를, 회의를, 강의를, 세일즈를, 연설을 더 잘하기 위한 위대한 첫걸음을 저자들과 손잡고 함께 내딛었다고 생각하면 좋겠다.

말하기의 변화는 연습이 가장 확실한 답이다. 함께 책을 쓴 저자들의 현장 노하우를 합치면 도합 80년이다. 각 장마다 소개한 내용은 현장에서 익힌 살아있는 경험과 강사마다 몸으로 아로새긴 노하우를 반드시 실행해보시길 강력히 권한다. 이 책 한 권으로 당신은 80년의 스피치 비책을 고스란히 갖게 된 것이다.

이 책에서 소개하는 여섯 가지 비책은 여섯 명의 저자가 각자 자신을 현재 경력의 위치까지 올려놓은 최선의 연습방법이다. 분야별로 차려놓은 프로강사들의 여섯 가지 비책 중 자신의 상황에 맞는 것을 하나 선택해서 오늘 당장 시작해보라. 점점 멋있어지는 당신을, 진심을 표현하는 당신을 발견하게 될 것이다. 그리고 그런 자신을 더 사랑하게 될 것이다.

말이 바뀌면 행동이 바뀐다. 행동이 바뀌면 삶이 달라진다. 삶이 달라지면 하루하루 즐겁고 경이롭다. 경이로운 삶은 더 나은 내가 될 수 있도록 이끌어주는 강력한 힘을 갖고 있다. 각자의 위치와 하는 일에 따라 적용해볼 수 있는 쉬운 장부터 다시 펼쳐 시작해보자.

오늘부터 바로 시작한 작은 연습은 다시 작은 성공으로 이어지게 될 것이고, 작은 성공들은 끝내 당신이 원하는 위치까지 당신을 끌어올려 줄 것이다.

말을 잘하는 것은 단순히 기술적인 변화만을 뜻하지 않는다. 말이 필요한 순간, 상황에 알맞은 세련된 말을 구사하는 말하기 능력을 품격 있는 말하기라고 정의해본다면, 그러한 품격 있는 말하기는 품위 있는 삶으로 이끄는 강력한 도구가 된다. 당신이 쓰는 품격 있는 언어가 당신의 삶을 좀 더 품위 있는 삶으로 이끌어줄 것이다. 가치 있는 변화! 그 멋진 변화를 위한 당신의 결심을 여섯 명의 저자 모두가 진심을 담아 응원 한다.